COMMENT ÉCRIRE DES ROMANS À SUCCÈS !

COMMENT ÉCRIRE DES ROMANS À SUCCÈS !

LA MÉTHODE GODEFROY
LA FORMATION PRATIQUE EN FRANÇAIS LA PLUS COMPLÈTE DU MONDE

PAR FRED GODEFROY

Sommaire

Merci à tous les étudiants de la Méthode Godefroy qui m'ont appris plus que je ne leur ai enseigné. Ce livre est le résultat de leur travail, pas du mien.

Un merci particulier à Danny Kada qui fut une force motrice incroyable pour que cette méthode prenne son envol.

« Le processus d'écriture et de réalisation transforme immanquablement toute personne en un personnage de fiction. »

Clint Eastwood

« Les livres font les époques et les nations, comme les époques et les nations font les livres. »

Jean-Jacques Ampère

À L'ORIGINE DE LA MÉTHODE

Pourquoi une méthode ?

> *« Le talent seul ne suffit pas pour faire un écrivain. Derrière un livre, il doit y avoir un homme. »*
>
> *Ralph Waldo Emerson*

Comme tous les métiers du monde, celui d'écrivain d'œuvres de fiction s'apprend. Quel que soit le talent que l'on possède en dessin, en peinture, en sculpture, en musique, il existe des écoles pour apprendre son métier. Pourquoi pas pour les écrivains ?

Comme nous allons le voir plus loin, c'est une exception française. Car dans la majorité des pays dits « occidentalisés », il y a des écoles pour écrivains. Si nous ne prenons comme exemple que les États-Unis, il y a des cursus d'écriture dans presque toutes les facs du pays, il y a d'innombrables *master classes* animées par John Truby, Spike Jonze, Dan Brown, James Patterson ou Margaret Atwood. Un sondage a montré que 90 % des auteurs publiés aux États-Unis (parmi les plus célèbres) avaient suivi un ou plusieurs cursus de formation. Apprendre à écrire quand on a du talent est l'équivalent d'intégrer les beaux-arts pour un peintre doué.

De même, pourquoi y a-t-il en France des écoles pour scénaristes (cursus moyen de deux ans), alors que le métier est strictement le même : savoir raconter une bonne histoire. Au final, seuls le formatage de l'écriture de l'histoire et le média changent. Rien d'autre !

Que ce soit pour un téléfilm, une série, une BD, un film pour le cinéma, une pièce de théâtre, un jeu vidéo ou un roman, à la base il y a toujours une unique chose : un auteur qui un jour a eu une idée qui tenait en une phrase et qui a réussi à en faire une histoire.

Maintenant, qu'est-ce qui distingue une histoire ordinaire d'une histoire qui restera dans la mémoire de votre lecteur éternellement ? Personnellement, je me souviens encore de romans lus il y a trente ans, qui ne payaient pas de mine, n'avaient reçu aucun prix littéraire prestigieux, dont l'auteur m'était inconnu (et l'est toujours *ad vitam æternam*) mais dont les personnages et les rebondissements titillent encore mon esprit aujourd'hui.

C'est la technique.

Savoir que tel événement ne peut pas arriver avant un autre événement, que le personnage principal doit se transformer entre le début et la fin, que la puissance du « méchant » détermine le niveau de combat entre les deux adversaires, tout cela s'apprend.

Pourquoi Tolkien a-t-il marqué les esprits pour des décennies alors que des milliers d'auteurs avant lui avaient écrit des choses merveilleuses dans le même genre tombées dans l'oubli aussitôt ? Qui sait encore que c'est Pierre Boulle qui a écrit *La Planète des singes* ou qu'Edgar Rice Burroughs écrivit en 1917 une vaste suite de romans adaptés aux États-Unis et créé John Carter, cent ans après ? Sans les adaptations, ces écrivains seraient-ils encore vaguement dans la bouche des gens ? Qui sait que c'est Edward Elmer Smith qui a inventé le *space opera*, aux alentours de 1920 ?

Est-ce que les romans de Stephen King ou de Maxime Chattam seront toujours lus cinquante ans après leur mort ?

Pourquoi les romans de Lovecraft sont-ils aujourd'hui encensés alors qu'il est mort de froid, de faim et de folie ?

C'est ce qu'on appelle l'Art.

Mais une grande partie de cet Art s'apprend. Rien ne pourra jamais vous garantir le succès éternel, rien ne pourra jamais provoquer votre succès, rien ne pourra jamais vous rassurer sur le fait qu'on se souviendra de vous après votre mort (ou l'inverse).

Mais dans tous les cas, posséder les techniques narratives augmente considérablement vos chances de passer la toute première épreuve : être édité. Et ça, c'est la base de tout. Le reste appartient à l'Histoire.

Et si en plus vous avez du talent, alors vous avez tout gagné !

TALENT + TECHNIQUE = SUCCÈS

Mais là, c'est un peu comme si je commençais par la fin. Appuyons sur le bouton Retour en arrière. Ah ! Voilà, j'y suis. Avant de vous parler de tout le reste, il faut que je commence par le début, sinon vous n'allez rien y comprendre. Donc…

Qui suis-je ?

Je vous passe l'inutile et je vais aller à l'essentiel en trois ou quatre points qui ont fondamentalement changé ma vie. Le reste n'est pas vraiment important.

- J'ai arrêté l'école le jour pile de mes seize ans. Pourquoi ? Parce que je savais qu'aucun diplôme, même le plus basique, ne m'apporterait ce que je voulais. Et j'ai commencé à bosser. J'ai pris n'importe quel travail, je n'ai jamais été au chômage de ma vie. N'ayant aucune qualification, je pouvais tout faire. Généralement, je ne restais jamais plus de trois mois dans la même entreprise, ce qui m'a permis de faire plus de cinquante métiers différents. Je n'ai jamais fait le même job deux fois. À chaque fois, ça devait être nouveau. Pour un écrivain, c'est très formateur. On rencontre des gens qu'on ne croiserait jamais autrement. Et j'ai été militaire, en Allemagne, dans une base semi-disciplinaire : une des meilleures expériences de ma vie.

- À vingt et un ans, j'ai décidé de devenir auteur. J'ai commencé par le cinéma. Je suis entré dans ce milieu. C'était cool. Mais vendre un script à un producteur relève du parcours du combattant. Alors, un ami m'a dit d'écrire des romans. Je l'ai fait et en une semaine mon premier roman était écrit. Et puis cinq jours après, je signais au Serpent à Plumes pour trois romans.

- Comment est-ce que j'ai réussi ? La recette est simple. Écrire des scénarios pendant trois ans m'avait appris à faire une bonne histoire. Je savais instinctivement, par expérience, où placer chaque élément, chaque pivot dramatique, comment faire d'un personnage détestable un personnage que les lecteurs adoreraient. Apprendre à écrire un film est la meilleure école du monde. Mais y a-t-il vraiment besoin de passer par là pour réussir ? Heureusement, non ! Des méthodes comme celle-ci s'adressent directement aux écrivains. Plus besoin de passer par la case « scénariste » pour avoir du succès.

- À vingt-cinq ans, je me suis lancé dans les entreprises, soit en tant qu'actionnaire, soit en tant que président. En dix-sept ans, j'en ai eu huit, dans la vente par correspondance et le marketing. Durant cette période, j'ai beaucoup écrit. De toutes les manières possibles.

- Et puis, en 2017, je me suis relancé dans l'écriture en écrivant une vaste saga de 3 500 pages, *Nefilims - Les Chroniques Contemporaines* - Volume 1 : *L'Entité*.

Un jour, j'expliquerai plus en détail mon parcours, ce que j'ai connu et tout ce que ça m'a apporté pour créer cette méthode.

Les témoignages sur la méthode

Ceux qui ont suivi la méthode complète ont été complètement transformés. Comme l'ont dit plusieurs étudiants, il y a un Avant et un Après. Non seulement la méthode complète est utilisable toute votre vie, mais en plus elle change des pans entiers de votre existence. Je sais, c'est dur à croire. Et je ne m'y attendais pas moi-même. Tout ce que je voulais, c'était transmettre. Mais la forme qu'a prise cette formation a eu un impact complètement inattendu.

Nous avons créé une famille d'écrivains qui s'entraident, qui collaborent, qui écrivent à quatre mains. La plupart sont devenus de véritables amis, il y a une confiance et une intimité que je n'aurais jamais imaginées, ne serait-ce qu'en rêve. C'est juste formidable et à peu près incompréhensible pour quelqu'un qui n'imagine pas l'intérêt d'apprendre le métier d'écrivain.

Pour vous donner quelques exemples, voici quelques témoignages :

« Les surprises que tu nous réserves vont au-delà de ce qu'on pouvait imaginer. J'en ai connu, des gens généreux, mais ta générosité niveau formation est inégalée ou alors qu'on me cite un exemple, car je n'en connais pas. Cette proximité, cette volonté de désirer pour les autres ce que tu désires pour toi-même en investissant toute ton énergie est vraiment touchante. Personne ne pensait qu'on allait avoir un formateur si proche de nous. » (Mamsito)

« Ta formation Godefroy est un véritable régal, d'un niveau professionnel et d'expertise de très haut niveau et je suis très heureuse de m'y être inscrite ! Un énorme merci à toi ! » (Nataly)

« Elle est vraiment riche, intéressante (passionnante même), unique en son genre. » (Hélène)

« C'est vrai que nous donnons tous beaucoup, mais nous y sommes encouragés par la quantité et la qualité de ce que toi tu nous offres généreusement ! C'est réellement une formation exceptionnelle qui ne ressemble à aucune autre formation (et je sais de quoi je parle !). » (Danny)

« C'est une formation exceptionnelle, vraiment (pour avoir été assistante de formation, je sais aussi de quoi je parle). C'est rare de voir autant d'investissement... Merci ! » (Céline)

Le lien vers la formation complète

Plutôt que de vous décrire ici tout ce qu'est la Méthode Godefroy (ce serait un peu long), voici un lien qui vous explique tout !

http://ecrireunroman.fr/formation-la-methode-godefroy/

QU'EST-CE QU'UN ROMAN À SUCCÈS ?

> *« Écrire est un acte d'amour. S'il ne l'est pas il n'est qu'écriture. »*
>
> *Jean Cocteau*

Il peut y avoir plusieurs définitions d'un roman à succès. Elles peuvent d'ailleurs se combiner entre elles :

- C'est un livre qui se vend beaucoup (aujourd'hui, on considère que passé 15 ou 20 000 ventes, c'est un best-seller).

- C'est un roman qui a à la fois un succès critique et public. Le succès public étant ce qui est primordial. Si les critiques ne l'aiment pas mais que les lecteurs l'achètent en masse, c'est un succès bien plus grand que si c'était l'inverse.

- Ce sont des articles de presse sur vous, sur votre œuvre, qui se multiplient.

- C'est un roman qui se retrouve en livre de poche.

- C'est un roman dont les droits sont achetés par des producteurs.

- C'est un roman qui est traduit et qui se vend bien à l'étranger, dans plusieurs pays.

- C'est un roman dont vous faites la promo pendant un an ou plus à travers des signatures, des interviews, des festivals.

- C'est un roman qui va vous « attribuer » le statut d'écrivain pour toute votre vie.

- C'est un roman qui est adapté sous d'autres formes : BD, jeu vidéo, etc. au cours des années qui suivent sa publication.

C'est ça, un roman à succès. Et si vous en faites un tous les ans, voire deux, vous êtes assuré d'une certaine notoriété, de droits d'auteur et de droits dérivés (ce sont les droits qui rapportent vraiment de l'argent) conséquents. Vous pourriez même devenir un des cent auteurs environ en France qui vivent de leur plume. À vous de voir si vous voulez en faire partie…

COMMENT UTILISER CE LIVRE ET CETTE MÉTHODE EFFICACEMENT POUR ÉCRIRE VOTRE ROMAN À SUCCÈS ?

> *« Il faut vivre pour écrire, et non pas écrire pour vivre. »*
>
> *Jules Renard*

Primo, ce n'est pas un livre. C'est une méthode pratique, factuelle, issue d'une longue expérience pour vous apprendre à écrire une œuvre de fiction qui pourra avoir du succès et qui sera « vendable » à des éditeurs traditionnels qui vous diffuseront dans toutes les librairies de France, de Navarre et de l'univers.

Certes, cette méthode prend aujourd'hui la forme d'un livre, mais retenez qu'à l'origine tout était en vidéo. Si le média change, le fond reste le même.

Secundo, relisez-le autant que nécessaire pour que toutes les petites astuces que je livre ici deviennent des réflexes d'écriture. Je connais certains de mes étudiants qui ont visionné plusieurs dizaines de fois au cours des quatre dernières années la vidéo live d'origine qui sert de socle à cette méthode. Et des dizaines et des dizaines de fois les plus de 270 vidéos live qui composent l'intégralité de la méthode. Ce n'est pas pour rien !

Tertio, comme il s'agit d'une méthode pratique, si vous ne l'appliquez pas, rien ne changera dans votre vie. Une méthode est faite pour être appliquée et obtenir des résultats concrets.

Vous pouvez utiliser le support qu'est ce livre de différentes manières : vous pouvez par exemple le lire entièrement pour en avoir une vision globale avant de le reprendre depuis la première page et de faire les exercices pratiques dans l'ordre. Ou vous pouvez suivre progressivement la méthode, faire les exercices avant de passer à la suite pour les reprendre à nouveau et affiner ce que vous avez écrit. À chacun sa manière de faire, le principal étant que vous puissiez écrire un roman de genre addictif, populaire et au succès incontestable.

Enfin, n'hésitez pas à prendre des notes avec vos propres mots. Écrire permet à l'esprit d'intégrer très vite tous les conseils et toutes les techniques qui vous seront utiles. Vous pourrez compléter ces premières notes de toute votre expérience et ainsi constituer votre propre méthode de travail.

Comment utiliser les exercices pratiques ?

Vous trouverez à l'intérieur de cette méthode des pages prêtes à être remplies par vos soins avec votre stylo préféré. Chaque exercice pratique est précédé de conseils.

Cette méthode a été mise en page pour que vous puissiez prendre de nombreuses notes dans la marge. C'est très pratique pour extraire ce qui vous est nécessaire et utile. Notez tout ce qui vous vient à l'esprit, tout ce que vous voulez exploiter, toutes les idées qui surgissent à la lecture de ces chapitres et paragraphes. C'est votre outil de travail n° 1, une sorte de carnet qui vous rappellera toujours ce qui est important et essentiel.

Mais certaines personnes ont horreur d'écrire dans un livre. À ce moment-là, ouvrez un fichier informatique ou un cahier et notez bien les exercices pour suivre votre progression. N'hésitez pas à réécrire les conseils, ainsi ils seront bien ancrés dans votre esprit pour toujours.

Quelle que soit la technique que vous utilisez, n'hésitez pas à revenir sur ce que vous avez rédigé car c'est aussi cela, le métier d'écrivain : se remettre en cause tout le temps, sortir de sa zone de confort, penser et vivre son histoire vingt-quatre heures sur vingt-quatre.

Ce que vous allez trouver dans la méthode en vidéos et qui n'est pas dans ce livre

Cette méthode que vous tenez entre les mains est tirée de la vidéo n° 1 de la Formation Godefroy. J'explique ici les choses différemment, ou sous un autre angle, ou avec des exemples complémentaires. C'est à la fois plus complet et accessible au plus grand nombre.

En fin d'ouvrage, vous trouverez un lien vers cette vidéo et de nombreux bonus.

Cependant, puisque vous tenez ce livre actuellement, je ne peux que vous inciter à voir cette vidéo une fois sa lecture terminée. Si vous la voyez avant, certains « effets de surprise » faits pour déclencher votre créativité tomberont « à l'eau », comme on dit. Donc, suivez cette méthode ici, faites les exercices pratiques au fur et à mesure et une fois terminée la lecture, allez voir la vidéo.

Elle vous en apportera encore un peu plus...

LES 7 ERREURS DES AUTEURS DÉBUTANTS

J'ai rédigé un petit livre complémentaire de seize pages sur les sept erreurs que j'ai retrouvées chez tous les jeunes auteurs qui me soumettaient un manuscrit. Pour être franc, j'ai rarement dépassé les premières pages et c'est exactement ce qu'aurait fait un lecteur de maison d'édition. Ces sept erreurs sont presque communes à tous les premiers manuscrits.

Le problème est que si on ne les connaît pas, on les reproduit encore et encore.

Vous pouvez le télécharger gratuitement ici :

Lien GRATUIT pour télécharger le PDF des 7 erreurs...

http://ecrireunroman.fr/les-7-erreurs-des-ecrivains-debutants

LA MÉTHODE IPER-V : VOTRE SÉSAME POUR RÉUSSIR

LA MÉTHODE IPER-V

> *« Les grands écrivains n'ont jamais été faits pour subir la loi des grammairiens, mais pour imposer la leur. »*
>
> *Paul Claudel*

Grâce aux Grecs, nous disposons de l'IPER-V depuis 3 000 ans.

Durant environ 1 000 ans, l'Empire hellénistique a énormément travaillé par le biais des philosophes sur l'art de la rhétorique et de la narration.

Depuis que l'homme est capable de parler, il raconte des histoires. Que ce soit un chasseur-cueilleur qui décrit sa rencontre avec un animal féroce au coin du feu avec sa tribu comme auditoire, ou la secrétaire qui, devant la machine à café dans le couloir, conte sa matinée teintée d'événements avec ses enfants rebelles jusqu'aux milliers de films et de séries que vous comme moi ingurgitons annuellement, l'homme à toujours eu besoin de raconter, d'écouter, de lire ou de voir des histoires.

C'est universel. Cela fait partie de l'inconscient collectif de l'humanité, comme l'a dit Jung.

Revenons aux Grecs. Depuis cette époque, tout a été raconté. La seule différence entre toutes les histoires, c'est le point de vue de l'auteur et sa capacité à passionner son auditoire.

Si on reprend l'exemple de la machine à café, je suis certain que vous adorez écouter certains de vos collègues alors que vous en fuyez d'autres dès qu'ils ouvrent la bouche.

Pourquoi ?

Tout simplement parce que certains savent structurer la moindre anecdote de leur journée pour en faire une histoire passionnante alors que d'autres s'attardent sur des détails insignifiants sans jamais se rendre compte qu'ils gonflent tout le monde.

Certains sont naturellement doués pour ça, d'autres pas.

La bonne nouvelle, c'est que raconter une bonne histoire, ça s'apprend. C'est tout l'objet de cette Méthode Godefroy.

Maintenant, passons aux choses sérieuses.

À l'intérieur de la méthode, il y a une autre méthode. C'est la méthode IPER-V. C'est le socle, la base de tout le reste. Si vous connaissez l'IPER-V, quel que soit le média que vous choisissez d'utiliser, vous saurez à tous les coups fasciner votre auditoire, vos lecteurs, vos spectateurs.

Seule la forme que prendra votre histoire changera. Le fond restera le même. On n'écrit pas un scénario de film de la même manière qu'un roman, on ne raconte pas une histoire oralement de la même manière qu'on donne une conférence. Mais derrière, dans la cuisine où tout se prépare, les outils utilisés sont identiques.

Un cuisinier qui pendant dix ans produit de la cuisine française et qui change de restaurant pour faire de la cuisine espagnole utilisera toujours des poêles, des cuillers, des casseroles et une bonne partie des mêmes ingrédients. Pour le consommateur assis à sa table, seuls la présentation et le goût changeront. Vous comprenez ?

Pourquoi l'IPER-V est-il si puissant ?

Parce que c'est la mise en forme pratique et ludique de tout ce qu'ont découvert les Grecs pour capter l'attention de n'importe qui. J'ai beaucoup étudié l'art de la narration, comme je l'ai expliqué plus haut dans le chapitre *Qui suis-je ?* Que ce soient des cours aux États-Unis, des livres en français, des recherches scientifiques sur le sujet, j'ai tout étudié. J'ai tout pratiqué, j'ai écarté l'inutile, retenu l'essentiel. Et tout repose sur ce qu'ont découvert les Grecs et ma propre expérience.

Je n'ai rien inventé. Je ne suis le créateur de rien du tout. La seule chose que j'ai faite, c'est de rassembler tout ce que je sais sur l'art de la narration pour le transmettre au plus grand nombre à travers une méthode facile à retenir, facile à travailler, facile à exploiter encore et encore : c'est l'IPER-V.

Les plus de 270 conférences live que j'ai faites par la suite sont l'explication de plus en plus détaillée de l'IPER-V. Il n'y a rien qui dépasse de cette méthodologie universelle. C'est votre terrain de jeu. Pas besoin d'aller plus loin.

Je vais vous expliquer ce que veut dire chaque lettre, puis je vais tout vous décrire de A à Z, mais avant, il faut comprendre que…

Et ailleurs dans le monde ? Dans les autres cultures ?

Les cultures du monde entier ne reposent pas toutes sur l'Empire grec. Que ce soit l'Amérique du Sud, l'Inde, la Chine, le Japon, le Tibet, le Pays Dogon et bien d'autres, ils se sont construits sur des bases historiques différentes. Et pourtant, la manière dont on raconte les histoires est identique.

L'ordre dans lequel la narration se fait est le même. Il y a un ou des protagonistes ET des antagonistes. Il y a toujours un début, un milieu et une fin. Il y a toujours un enjeu, un objectif difficile à atteindre. Il y a toujours des épreuves à franchir, des pivots dramatiques. Il y a toujours un parcours initiatique qui transforme le protagoniste entre le début et la fin.

Regardez le livre le plus vendu au monde : la Bible. Il y a un début (Dieu crée la Terre, Adam et Ève, Moïse), un milieu (le Temple de Salomon), des pivots dramatiques (l'exil à Babylone, l'arrivée de Jésus…) et une fin (l'Apocalypse). Pourtant, il y a eu des dizaines voire des centaines d'auteurs qui l'ont écrit sur une période de 1 000 ans environ. Au IVe siècle, les théologiens du Concile de Nicée initié par Constantin, Empereur de Rome converti au christianisme pour des raisons politiques, choisirent des livres parmi des milliers de manuscrits existants, qu'ils canonisèrent et dont ils firent la Bible que l'on connaît aujourd'hui. Ils l'ont structurée selon les principes universels grecs pour en faire une histoire, que l'on retrouve synthétisée dans la méthode IPER-V.

Pourtant, il y a des différences sur la philosophie avec laquelle on aborde l'histoire.

Pour prendre un seul exemple, j'adore la Russie et la culture russe. J'y suis allé plusieurs fois et je dévore les romans et les films russes. Quelles différences y a-t-il entre la Russie et l'Occident ?

En Occident, surtout aux États-Unis, le protagoniste gagne presque toujours (avec systématiquement ces applaudissements ridicules lors de la dernière scène - sauf pour les films indépendants, du genre de ceux qu'on voit à Sundance, qui sont souvent des pépites). Vous remarquerez que les films qui se terminent mal, à quelques exceptions rares, font un flop au box-office.

En Russie, c'est l'inverse. Si l'histoire suit le même schéma, le plus souvent le héros perd quelque chose, échoue, et c'est ainsi qu'il change, qu'il apprend un truc fondamental sur la vie, sur sa vie. Les protagonistes sont très individualistes, silencieux sur leurs états d'âme, ne montrent que très rarement leur bonheur. Ils sont durs comme des morceaux de bois dense, que ce soient les hommes ou les femmes. Rien à voir avec le sourire Ultra Brite des Ricains et l'obsession d'apparence heureuse et de réussite que l'on doit montrer à tout le monde ! Pour revenir à la Russie, je me souviens par exemple d'avoir embrassé ma copine de l'époque en pleine rue. Elle était super gênée. Elle m'a dit : « Ici, c'est indécent pour les autres de montrer qu'on est heureux ». C'est fascinant à étudier, à comparer, à apprendre.

Ce qui nous amène à…

L'inné et l'acquis : l'exception française !

> *« Il faut être écrivain de profession pour écrire sur ce qu'on ne sait qu'à moitié, ou sur ce qu'on ne sait pas du tout. »*
>
> *Eugène Delacroix*

La France est l'unique pays au monde où on croit que l'on naît écrivain. J'en ai parlé dans l'introduction, je ne vais pas revenir là-dessus. Cela vient de l'époque des Lumières, une époque que je hais personnellement car ils ont jeté le bébé avec l'eau du bain. Ils ont fait table rase du passé sans se soucier de ce qui était fascinant pour l'humanité, hérité de nombreuses traditions ancestrales.

Oui ! De rares personnes naissent avec à la fois le talent et la technique. Elles sont peu nombreuses à chaque génération.

Oui ! Écrire s'apprend, comme tous les métiers artistiques du monde.

Oui ! Si on maîtrise parfaitement la technique, on peut pallier un manque éventuel de talent (je pourrais citer de nombreux auteurs parmi les plus connus).

Oui ! Si vous naissez avec le talent et qu'en plus vous apprenez la technique, toutes les portes vous seront ouvertes.

Non ! On ne naît pas écrivain. On le devient à force de travail. Aucun guitariste parmi les plus célèbres de la planète n'a pas appris à jouer en suivant des cours ou en travaillant comme un malade pendant vingt ans à en péter ses cordes toutes les semaines.

Si vous êtes français, oubliez immédiatement toutes les idées reçues sur ce que vous croyez être le métier d'écrivain. Relisez les cinq phrases au-dessus plusieurs fois et continuez votre lecture.

Les 5 étapes que tous les écrivains suivent pour réussir ! (le socle de la méthode)

Bonne nouvelle : l'intro est terminée et on passe dans le vif du sujet. Vous êtes prêt(e) ?

Voici ce que veut dire IPER-V. Retenez bien la signification de chaque lettre.

À côté de chacune de ces étapes, vous trouverez un pourcentage. C'est une estimation de la répartition du temps de travail. Imaginons que vous mettiez dix mois pour avoir votre manuscrit en main et que les exemplaires soient envoyés aux éditeurs. Si par exemple j'annonce que trouver une bonne idée prend 10 %, cela veut dire que vous allez passer plus ou moins un mois à chercher, trouver et malaxer votre idée pour être certain(e) que c'est la bonne.

Ces estimations sont le fruit de nombreuses interviews avec des auteurs et de ma propre expérience.

Vous pouvez par exemple voir l'interview de Romain Godest, un ami auteur, qui explique parfaitement sa méthodologie de travail. Comme vous allez le constater, les pourcentages de travail qu'il s'applique à lui-même sont légèrement différents, mais toutes les étapes de l'IPER-V y sont :

http://ecrireunroman.fr/interview-romain-godest-comment-jecris-des-romans-a-succes/

Idée (10 %)

> *« Écrire est toujours un art plein de rencontres. La lettre la plus simple suppose un choix entre des milliers de mots, dont la plupart sont étrangers à ce que vous voulez dire. »*
>
> *Alain*

Tout commence par une idée. Pas d'idée, pas de roman. Produire des idées encore et encore est votre principal job. Un écrivain bien formé note plusieurs dizaines d'idées par jour. Si elles ne servent pas pour le moment, un jour ou l'autre vous y trouverez matière à création, pour un roman complet ou pour une simple scène. Ayez toujours votre carnet à idées à portée de main. Voici un petit panel de mes carnets à idées (j'en ai beaucoup, je vous expliquerai pourquoi au fur et à mesure).

Devenez une usine à idées.

Trouver la BONNE IDÉE lorsque vous vous décidez à écrire un roman représente environ 10 % de votre temps de travail total. Si vous vous lancez sur une mauvaise idée, ou si vous partez la « fleur au fusil » dès qu'une idée se présente sans tester son potentiel dramaturgique, vous ne dépasserez pas les cent pages. En tous les cas, vous ne connaîtrez jamais le plaisir de mettre le mot « fin » à votre manuscrit.

Travaillez vos idées. Le plus possible. Jusqu'à l'épuisement.

Préparation (40 %)

> *« Écrire serait si triste si l'on ne déviait jamais de son plan. »*
>
> *Giorgio Agamben*

La préparation est l'étape la plus cruciale, la plus vitale, la plus essentielle, la plus importante dans l'écriture d'un roman. Une fois qu'on a testé et compris cette étape, on ne peut plus s'en passer. Durant quatre mois (si on garde le principe que vous consacrez dix mois à votre roman), vous allez tout structurer de A à Z.

Vous connaîtrez chaque moment clé de votre histoire, vous développerez des pivots dramatiques à rendre fous vos lecteurs, vous connaîtrez le début et la fin de chaque chapitre, vous aurez dans la tête tous les lieux de votre histoire comme si vous en étiez le guide touristique.

Vous serez capable d'écrire votre roman dans le désordre sans jamais vous y perdre. Ou d'ajouter ou d'enlever n'importe quelle séquence sans jamais perdre le fil rouge qui relie tout.

Je ne connais aucun écrivain à succès qui ne fasse pas de préparation.

Personnellement, je l'ai fait une fois pour mon premier roman, ça a fonctionné comme par miracle, grâce à mon expérience de scénariste. Je savais structurer une histoire grâce à mes trois ans d'écriture cinématographique. J'imagine que c'est ce qui m'a sauvé. Mais depuis que j'ai découvert la préparation, je ne peux plus m'en passer. C'est le plus créatif et le plus productif.

Préparez-vous à des nuits blanches.

Écriture (25 %)

> *« La littérature n'a rien à voir avec la richesse du vocabulaire, sinon le plus grand des chefs-d'œuvre serait le dictionnaire. »*
>
> *Paul Léautaud*

Enfin, vous entrez dans l'écriture, ce que vous attendiez depuis cinq mois. À ce stade, vous n'en pouvez plus d'attendre de vous lancer dans cette étape.

Vous connaissez vos personnages par cœur, vous n'avez qu'une hâte, c'est de vous mettre au boulot. Si vous avez bien fait votre préparation, l'écriture va être une partie de plaisir, l'instant ludique le plus agréable de votre travail. Durant quatre mois, vous avez sué sang et eau pour structurer une histoire palpitante et maintenant vous n'en pouvez plus d'attendre de vous jeter sur votre clavier.

Pendant deux mois et demi, vous allez vous éclater ! Aucun syndrome de page blanche, aucun doute sur les retournements de situation, vous savez où vous allez, vous savez ce que vous voulez produire sur votre lecteur comme effet, vous connaissez le début et la fin, tout est déjà là.

Ça y est ! Vous pouvez vous lâcher ! Libérez tout ce qu'il y a en vous !

Vous allez enfin découvrir comment écrire très facilement n'importe quel roman, de n'importe quelle taille, dans n'importe quel genre, dans n'importe quel style.

Réécriture (20 %)

> *« Un grand écrivain se remarque au nombre de pages qu'il ne publie pas. »*
>
> *Stéphane Mallarmé*

Et voilà ! Votre version 1 (V1) est prête. Mais le job est loin d'être fini.

Maintenant, vous devez tailler dans le gras, enlever des passages entiers inutiles, affiner les détails, vérifier la cohérence de l'histoire, corriger les fautes, changer un mot par-ci, un mot par-là, repérer les répétitions…

C'est l'étape la plus ingrate de toutes. Au point qu'à un moment, on ne peut plus voir son texte en photo (ce qui est plutôt bon signe). Là, vous allez travailler très dur pour traquer tout ce qui n'est pas d'équerre.

Personnellement, je hais cette étape, comme beaucoup d'autres écrivains d'ailleurs. Pendant deux mois, vous allez en baver sévère. Mais ça fait partie du job d'écrivain, inévitablement.

Enfin, après plusieurs versions, après avoir pleuré d'enlever un paragraphe qui vous avait demandé tant de boulot et vous être réjoui de la dynamique du texte que vous avez sous les yeux, vous avez votre MANUSCRIT FINAL.

Quand vous arrivez à cette étape et que vous la terminez, il y a un énorme mélange de soulagement, de fierté, d'espoir, de gratitude, c'est assez inexplicable en fait.

La pression retombe d'un coup, on se sent vide mais heureux et on se demande ce qu'on va faire le lendemain (là, on commence à penser au roman suivant, c'est comme une drogue).

Mais tout n'est pas terminé… Attendez encore quinze jours avant de vous reposer un peu. Car il reste la…

Vente (5 %)

Dernière étape, qui représente environ dix ou quinze jours de travail.

Comme vous allez l'apprendre, à l'étape 1, celle des idées, vous avez déjà choisi vos éditeurs.

Maintenant, vous devez mettre en forme votre manuscrit selon les préconisations de chacun. Certains les veulent en format papier, d'autres en format numérique. Chacun demande aux auteurs de formater de telle ou telle façon leur texte, avec telles marges, telle police, tel espace entre les lignes.

Vous le faites, puis vous envoyez votre roman. Maintenant, vous n'avez plus qu'à attendre qu'il franchisse tous les filtres avant d'avoir une réponse. Il faut s'armer de patience, le processus va prendre plusieurs mois.

Et c'est terminé ! Reposez-vous un peu en réfléchissant au suivant et recommencez le même processus pour votre nouveau roman. Vous verrez que ce sera déjà beaucoup plus facile pour le deuxième…

Et surtout, n'attendez pas la réponse des éditeurs pour vous remettre devant votre bureau.

Comme me l'avait dit ma première éditrice (et elle avait 100 % raison, je l'ai malheureusement vérifié), il faut avoir le deuxième roman écrit avant d'avoir sorti le premier en librairie. Sinon, vous êtes tellement grisé de vous retrouver en librairie et en festival à faire des dédicaces, à répondre à des interviews pour la presse, que votre ego gonfle et, soit vous n'arrivez plus à écrire, soit vous écrivez de la merde. C'est un vrai secret que je vous livre ici. Prenez-le très au sérieux.

IPER-V signifie donc :

1 - Idée

2 - Préparation

3 - Écriture

4 - Réécriture

5 - Vente

COMMENT DÉVELOPPER SA PROPRE MÉTHODE ?

> *« On est écrivain quand on a quelque chose à dire et qu'on est le seul à pouvoir le dire. »*
>
> *Pierre Baillargeon*

La majorité des auteurs, au départ, ne se sentent pas à l'aise avec une méthode d'écriture. Encore une fois, c'est une spécificité française.

Un des moyens de s'approprier la Méthode Godefroy sans se sentir enfermé dans un carcan est de développer sa propre méthode d'écriture. C'est ce que font, dans les faits, tous les auteurs. Aucun ne travaille de la même manière. Certains vont écrire la nuit, d'autres à heures fixes, d'autres à n'importe quel moment. Certains vont boire du thé, d'autre du whisky et d'autre vont fumer du… Bon, vous m'avez compris.

Le principal dans l'histoire, c'est que chacun d'entre vous trouve ses « petits trucs » pour écrire avec efficacité.

La seule chose que je vous demande, c'est d'essayer une fois la Méthode Godefroy jusqu'à avoir un premier manuscrit. Ensuite, progressivement, vous adaptez les trucs et astuces de la méthode à votre personnalité, à votre timing journalier, à votre expérience.

Peut-être que vous allez vous apercevoir qu'il est plus pratique d'avoir un seul cahier pour les idées et la préparation. Ou alors, vous allez comprendre une autre technique pour détecter et construire un *high concept*.

En tout état de cause, tout cela ne peut venir que de l'expérience.

Au départ, appliquez la méthode sans juger. Je ne dis pas qu'elle est parfaite, mais c'est une très bonne base pour se lancer et réussir. En fonction de ce que vous en retirez, apprenez à l'adapter.

Cette méthode est la vôtre, pas la mienne, avec toutes les variantes que vous lui trouverez.

Et si vous rejoignez le programme vidéo (la formation complète), n'hésitez surtout pas à partager vos trouvailles. Comme je l'ai dit plus haut, tous les auteurs qui ont suivi la méthode forment une famille soudée. On partage, on se donne des conseils, on travaille ensemble.

Sentez-vous libre d'adopter cette méthode à ce que vous êtes... après l'avoir essayée au moins une fois. Ne craignez rien, elle ne mord pas !

LA MÉTHODE IPER-V EN DÉTAIL - 1

LES IDÉES (10 %)

Le *high concept*

> *« Pour être original, il suffit d'imiter les auteurs qui ne sont plus à la mode. »*
>
> *Jules Renard*

Le *high concept* est né aux États-Unis dans les années soixante-dix, quatre-vingt. Les producteurs ayant de moins en moins de temps et de plus en plus d'argent à dépenser, les auteurs ont eu de moins en moins de temps pour développer et proposer leurs idées aux producteurs qui voulaient dépenser de plus en plus d'argent.

Vous me suivez ?

Donc a été créé le concept du *high concept*, qu'on pourrait traduire en français par « superconcept ». C'est une traduction non littérale, je le précise.

Un *high concept*, c'est une idée de film résumée en deux à quatre phrases grand maximum. Et cette synthèse doit être tellement puissante que les producteurs ne peuvent dirent que « OUI » car dans leur tête, des milliers d'images, de possibilités, d'univers, de personnages fascinants défilent à la vitesse de la lumière et ils sentent que s'ils vous produisent, c'est comme s'ils faisaient le jackpot à Las Vegas.

Bon, revenons en France et à ce qui nous intéresse : développer un *high concept* pour un auteur présente de très nombreux avantages qui n'ont rien à voir avec Las Vegas.

Pourquoi un auteur français devrait-il développer un *high concept* ? Après tout, il ne va pas aller le présenter à un producteur ni le pitcher (le verbaliser avec une conviction absolue) à un éditeur (bien que ça puisse arriver…).

Voyons voir les avantages d'avoir un *high concept* en tant qu'auteur d'œuvres de fiction :

1 - Une fois que vous avez synthétisé votre idée de roman en *high concept*, vous ne pouvez plus vous perdre. Tout est dedans et si vous vous écartez de la route que vous avez créée, vous le voyez tout de suite.

2 - Dans un *high concept*, il y a tous les éléments importants de votre roman. Quand vous écrivez un chapitre, vous voyez immédiatement s'il entre dans le *high concept* ou non.

3 - Si vous arrivez à écrire un *high concept* qui contient les cinq éléments essentiels, dans le bon ordre, c'est que vous avez bien travaillé et que votre histoire est claire dans votre tête.

4 - Si vous rencontrez un producteur ou un éditeur, vous pouvez vendre votre histoire en trente secondes et retenir son attention pour être en haut de la pile de lecture.

5 - À partir du *high concept*, vous allez pouvoir construire toute la préparation (étape 2) sans jamais inclure d'éléments inutiles qui pourraient ralentir l'histoire ou l'intrigue.

6 - Une fois qu'il sera imprimé et accroché sur le mur derrière votre ordinateur, vous aurez toujours l'essentiel de votre histoire sous les yeux. Plus moyen de se perdre !

7 - Si vous n'arrivez pas à faire un *high concept* à partir d'une idée, c'est qu'elle n'est probablement pas assez puissante pour faire un roman à succès.

Je ne vais pas vous mentir : réussir à faire un *high concept* est bien plus difficile que d'écrire une saga de 2 000 pages en vingt jours. Tous les étudiants de la méthode V1 de 2015 sont devenus fous avec ça ! Les étudiants de la V2 aussi. C'est le plus dur de tout ! Il y a eu des centaines de discussions sur le forum, pour ne pas dire des milliers, où chacun remettait sur le grill ces quelques phrases qui changent tout.

Chaque mot compte. Chaque mot, chaque phrase doit dire quelque chose d'essentiel. Rien d'inutile, pas un élément de trop. Ce qu'on dit rarement, c'est que si vous êtes capable de faire un *high concept*, vous serez capable d'écrire un page-turner, un roman qu'on ne peut pas quitter, parce que vous aurez appris à aller droit au but. Et ça, quand on débute, c'est ce qu'il y a de plus dur.

Le pire, c'est que vous devez commencer par ça : par le plus difficile.

Alors, on va procéder par étapes pour que ce soit le moins douloureux possible et que ça donne le maximum de résultats.

Votre véritable métier : accumuler des idées !

« L'écriture est un exercice spirituel, elle aide à devenir libre. »

Jean Rouaud

Comme je l'ai dit plus haut, votre véritable métier est de devenir une usine à idées. Pas une petite usine, une grosse usine. Votre esprit doit être comme une centrale nucléaire qui produit sans interruption des flots d'idées. Peu importe à quelle étape vous vous trouvez. Notez tout.

En plus, il y a un truc paradoxal : quand on écrit un roman et comme sa tête est plongée tout au fond de la baignoire à créativité, de très nombreuses idées pour d'autres romans, ou pour une suite, ou pour un préquel, naissent tout le temps. Alors, quoi que vous soyez en train de faire, notez-les.

Personnellement, je me réveille chaque matin avec une ou deux idées de romans. Comme je me souviens de tous mes rêves (trois ou quatre par nuit… quand je ne suis pas insomniaque !), je note. Et puis, quelques années plus tard, hop ! L'idée à fait son chemin, elle s'est structurée à mes dépens au tréfonds de mon ciboulot et juste en lisant la phrase que j'avais écrite à l'époque, je sais déjà qu'il y a matière à la développer pour voir si c'est… un *high concept*. Je me souviens encore de rêves faits il y a vingt ans et je sens que les idées de départ grossissent sans que j'y pense, simplement parce que j'ai noté une phrase dans mon carnet. Si je n'avais pas noté en une phrase l'idée essentielle du rêve, l'idée serait déjà dans la poubelle de l'oubli.

Neuf idées sur dix vont à la poubelle

Quand on est écrivain, il y a un effet boomerang assez étrange : les gens viennent vous voir avec plein d'idées en poche. Vraiment. Et pas une ou deux idées, mais plein d'idées. Sauf que c'est l'équivalent d'un corned-beef. Ça ressemble à de la viande, mais ce n'en est pas (vous avez déjà regardé la composition d'un corned-beef ?). Je n'en dis pas plus !

En général, retenez que les idées que vous avez vont aller à la poubelle. Presque toutes.

Pourquoi ?

Pour qu'une idée soit bonne, elle doit avoir un ÉNORME potentiel dramaturgique. On doit deviner en elle des milliers de situations et de retournements possibles. Et parmi toutes ces possibilités, on doit réussir à retenir les meilleures et les structurer dans le bon ordre.

Quand vous notez toutes vos idées dans votre carnet à idées, ne vous dites jamais, même si vous êtes tout excité, que c'est l'idée du siècle. C'est la pire erreur égotique des auteurs. Dites-vous simplement que c'est une bonne idée que vous allez exploiter… pour voir si elle vaut le coup.

Les idées sont dans l'air du temps… et vous n'êtes pas seul à avoir une idée géniale !

Il y a un effet étrange dans le fait d'avoir une idée de roman : c'est que vous n'êtes jamais la seule ou le seul à l'avoir ! Étrangement, les idées sont dans l'air du temps. Pourquoi y a-t-il tant de films ou de séries qui parlent de mission sur Mars ? Quand on connaît le temps que prend une production, on sait que les auteurs ont initié leur idée au minimum trois ou quatre ans avant. Et d'un coup, vous voyez sur Netflix, sur OCS, sur Amazon Prime Video et sur d'autres networks de qualité, différentes séries et différents films ayant ce même objet de fiction.

Pourtant, ils ont tous une approche différente du même sujet.

Nous sommes tous influencés par les news, les progrès technologiques, les découvertes scientifiques. Si vous êtes compétent, vous regardez de nombreux reportages de fond, vous voyez des films que des millions d'autres personnes vont voir. Et parmi elles, il y a d'autres auteurs dont l'imagination bouillonne.

Au départ, ce constat peut faire peur : « Si je ne suis pas le seul à avoir cette idée, comment est-ce que je vais me distinguer des autres ? Est-ce que mon roman sera meilleur ou moins bien que les autres ? »

Comprenez une chose : entre auteurs, et c'est la bonne nouvelle, il n'y a pas de concurrence. Au contraire, si un sujet est dans l'air du temps, c'est qu'il y a un marché, des gens nombreux que ça intéresse.

Et ce qui va vous distinguer des autres, c'est :

- un *high concept* en béton armé

- et votre point de vue.

N'oubliez jamais que tout a déjà été dit sur tout depuis des milliers d'années. Regardez la légende du Roi Arthur. Elle a été adaptée des centaines de fois depuis neuf siècles. Pourtant, chaque auteur, avec son approche innovante, son point de vue et son *high concept*, a pu trouver une « niche » pour écrire quelque chose de nouveau. Comparez seulement l'un des chefs-d'œuvre de Barjavel sur le sujet et la saga de Marion Zimmer Bradley. Et c'est loin d'être fini, croyez-moi !

Comment faire d'une simple idée un *high concept*

> *« La littérature existe pleinement non pas quand l'œuvre est écrite, mais quand un lecteur remonte le cours des phrases et des mots pour devenir, par ce moyen, cocréateur de l'œuvre. »*
>
> *Hubert Aquin*

ATTENTION : ce qui suit est la méthode pour créer un véritable *high concept*. Si vous l'apprenez par cœur, vous saurez toujours produire de nombreux *high concepts*. Et comme vous l'avez compris, sans un superconcept, vous avez peu de chances de réussir.

Allez, on y va !

Il y a trois styles d'idées :

1 - Les idées instinctives

2 - Les idées neuves

3 - Le *high concept*

Les idées instinctives

Les idées instinctives naissent de ce qu'on a ingurgité récemment : que ce soient des infos à la télé, le dernier roman lu, une série qu'on a adorée, il y a des tonnes d'idées qui traversent notre tête. En soi, ce ne sont pas de mauvaises idées, simplement elles sont le fruit d'un préconditionnement. Comme nous mangeons des histoires sous toutes les formes (même les pubs sont des histoires lorsqu'elles sont bien faites), nous avons plein d'idées. Super ! Sauf que ce ne sont pas de bonnes idées pour un *high concept.* Retenez le principe que 90 ou 95 % de vos idées ne feront pas un roman, justement parce que ce sont des idées instinctives. Cependant, il faut les noter, ou les travailler un tout petit peu. Un jour, elles serviront. Voici comment.

Les idées neuves

On fait naître une idée neuve en mélangeant plusieurs idées instinctives. C'est comme ça qu'on arrive à une matière première, une sorte de gloubi-boulga qui va servir ensuite à construire un *high concept.* Pour créer une idée vraiment neuve, l'idéal est de mélanger des idées instinctives qui n'ont rien de commun entre elles. Cela ouvre notre esprit au monde. Nous développons de plus en plus facilement notre capacité à malaxer des idées contraires pour en faire une idée originale, ou une idée neuve. Les idées neuves sont plus développées, plus riches en dramaturgie, en rebondissements possibles. Mais ce n'est pas suffisant. Il faut passer à la dernière étape.

Le *high concept*

On crée un *high concept* en mélangeant à leur tour plusieurs idées neuves. De la même manière qu'on l'a fait à l'étape précédente, on va essayer d'assembler des pièces de puzzle qui ne vont pas ensemble. Comme c'est impossible, on ouvre grand la porte de la créativité, notre centrale à idées se met en marche. On se retrouve souvent avec plusieurs bonnes pages de notes qu'il faut maintenant synthétiser en un *high concept*, en deux, trois ou quatre phrases. C'est là que vous allez douiller sévère, chère lectrice, cher lecteur.

Les cinq éléments de base de tout bon *high concept*

> *« J'écris les livres que j'aimerais lire. »*
>
> *Jacques Attali*

Un vrai *high concept* se raconte en vingt ou trente secondes, jamais plus. Et dedans, il doit y avoir toute votre histoire, votre intrigue, vos protagonistes, vos antagonistes, les enjeux, l'univers, etc. Impossible ? Regardons ça de plus près.

Il y a cinq éléments INDISPENSABLES dans tout bon *high concept*.

Si vous pensez qu'en faisant l'économie d'un seul de ces éléments, votre histoire va tenir debout, vous allez droit dans le mur ! Ces cinq éléments sont essentiels et vous devez extraire de vos pages d'idées ces cinq ingrédients sans lesquels votre super idée ne sera qu'un soufflé au chocolat pâteux et dégueulasse. Faites tout votre possible pour que ces cinq éléments soient dans le *high concept*. L'ordre dans lequel vous les placez n'a aucune importance tant qu'il fonctionne. Et tant que vous n'êtes pas satisfait de votre travail, recommencez encore et encore, sans interruption et sans déprime. Vous comprendrez plus tard à quel point le travail que vous faites en ce moment va changer toute la suite pour la rendre plus facile, plus ludique, plus agréable. Écrire le *high concept* est le plus difficile de tout ce que je vais vous proposer de faire.

Les cinq éléments du *high concept* :

1 - Un protagoniste

2 - Un antagoniste

3 - Un cadre et/ou un contexte

4 - Un élément déclencheur

5 - Un enjeu

1 - LE ou LES PROTAGONISTES

Vous connaissez une seule histoire où il n'y ait pas de héros ? Moi pas. Dans toute histoire, il y a un ou des protagonistes qui mènent l'histoire du début à la fin. Dans votre *high concept*, votre ou vos protagonistes doivent être résumés en deux ou trois mots maximum. Et ces quelques mots doivent éveiller un nombre infini de possibilités.

2 - LE ou LES ANTAGONISTES

Pas de protagoniste sans antagoniste. Si votre protagoniste n'a pas quelqu'un contre qui il lutte, contre qui il se bat, qu'il doit affronter à la fin… il n'y a pas d'histoire. Les antagonistes se construisent exactement comme les protagonistes… mais en ayant plus de puissance, plus de pouvoir, plus d'influence. Si l'antagoniste est plus faible que le protagoniste, votre intrigue ne tiendra pas la route.

3 - UN CADRE et/ou UN CONTEXTE

Où sommes-nous ? Ici, dans notre monde ? Dans le passé ou le futur ? Si l'histoire se déroule en France, dans quelle région, dans quelle ville, dans quel contexte politique, social, économique ? En une phrase maximum, votre interlocuteur doit le comprendre. Et vous aussi !

4 - UN ÉLÉMENT DÉCLENCHEUR

Aucune histoire ne commence sans élément déclencheur. C'est ce qui propulse les protagonistes dans un univers dont ils ne connaissent pas les règles et où ils doivent puiser dans leurs ressources personnelles pour s'en sortir. L'élément déclencheur explique vraiment pourquoi votre histoire existe.

5 - UN ENJEU

Pas d'enjeu, pas d'histoire ! L'enjeu, c'est l'objectif que votre protagoniste doit atteindre en luttant contre l'antagoniste dans un cadre bien précis. Plus l'enjeu est fort, plus l'antagoniste est fort, plus le cadre est bien défini, plus l'ensemble de votre *high concept* sera fort, puissant, visuel.

Allez, deux exemples pour s'entraîner. Le premier est un des films les plus connus de la planète. Le second est un film de genre réservé aux aficionados de… John Carpenter (c'est un indice).

Exemple 1

Un jeune chevalier idéaliste qui va devoir lutter pour ne pas basculer du côté obscur se bat contre un empire galactique dictatorial dirigé par son père, le plus puissant de tous les chevaliers noirs, mais il l'ignore encore.

Réponse ?

Exemple 2

Des flics retranchés dans un commissariat sont obligés de s'associer aux criminels qu'ils gardent pour résister à une nuit d'assaut menée par des flics ripoux qui veulent se débarrasser d'un des criminels.

Réponse ?

Si vous ne trouvez pas les réponses, inscrivez-vous en fin de livre pour avoir accès aux vidéos explicatives. C'est gratuit et j'y explique où se trouvent les cinq éléments de chaque *high concept*.

N'oubliez jamais que le *high concept* est à la fois un outil de travail (c'est votre patron en quelque sorte, comme si vous créiez des vêtements) et un outil de vente si vous êtes amené à devoir vendre votre idée en un minimum de temps (par exemple en croisant dans les couloirs d'un salon le directeur littéraire de votre maison d'édition préférée… ou un producteur). Le *high concept* a un double emploi et c'est ce qui le rend aussi puissant.

Travaillez dur et ne soyez jamais laxiste ou trop rapide sur la création de votre superconcept.

Un seul mot mal choisi peut avoir des conséquences désastreuses pour tout votre roman. Passez le temps nécessaire à créer votre super idée. Tout le reste sera du gâteau…

Observez, observez et… OBSERVEZ !

> *« L'art de l'écrivain consiste surtout à nous faire oublier qu'il emploie des mots. »*

Un écrivain est un observateur de la vie, des hommes et du monde du quotidien. C'est comme ça qu'il peut restituer par écrit des sentiments, des émotions, des événements qui toucheront le cœur de ses lecteurs.

Je ne crois pas connaître de bons auteurs qui ne passent pas leur temps libre à observer tout ce qui se passe autour d'eux. Les événements les plus banals peuvent devenir des histoires extraordinaires. (Pierre Bellemare a entièrement construit sa carrière sur ce principe très simple : rendre un fait divers extraordinaire).

Si vous marchez dans la rue en regardant vos pieds, vous ratez des milliers de situations inspirantes. Si vous faites vos courses sans faire attention aux gens qu'il y a autour de vous et à la manière dont ils se comportent, vos personnages seront flasques et sans intérêt.

Quand vous êtes au supermarché dans une file d'attente, devenez un détective. Regardez et regardez chaque homme, chaque femme. Devinez qui ils sont, pourquoi ils sont désagréables ou au contraire agréables, demandez-vous pourquoi ils se sont habillés de telle ou telle manière.

Je me souviens par exemple d'une très jolie femme, vêtue de manière très sexy, et croisée dans les rayons d'un petit market il y a trois ans, souriante, que j'ai draguée et immédiatement ramenée chez moi (j'habitais à cent mètres du magasin en question). Il y avait ses deux enfants, n'imaginez donc pas qu'on ait fait quoi que ce soit (à ce moment-là), mais nous avons discuté. J'ai appris des tas de choses sur le milieu bourgeois de ma ville et pourquoi elle provoquait ainsi les hommes. Faire ses courses était le seul moment de sa vie où elle se sentait libre, sans surveillance. Je ne donnerai pas d'autres détails, mais cette discussion m'a appris des tas de choses fascinantes pour créer de la dramaturgie efficace.

Quand j'habitais Paris (maintenant, je suis au bord de la mer, c'est plus agréable), je passais parfois des journées entières assis à une terrasse à observer tout ce qui se passait autour de moi, mon carnet d'idées à la main (le plus souvent place Saint-Michel, mais je crois avoir fait tous les arrondissements au final).

C'est tellement instructif que si vous êtes en manque d'idées, ou si vous avez le syndrome de la page blanche, je peux vous promettre que d'un coup vous allez vous dire, après une heure ou trois heures d'observation : vite, il faut que je rentre, ça y est, j'ai trouvé !

Observez TOUT LE TEMPS ce qui se passe autour de vous. Si deux personnes se croisent, se disent bonjour puis parlent tout doucement en regardant autour d'elles, imaginez qui elles peuvent être, pourquoi elles se comportent ainsi, ce qui se cache derrière, quels sont leur métier, leur vie, leur quotidien. Peu importe que ce soit vrai ou pas ! Ce qui compte, c'est ce que vous imaginez. Vous faites un métier de l'imaginaire. Et même si vous travaillez sur un sujet qui demande beaucoup de documentation (on va étudier ça dans l'étape 2 : la préparation), votre roman n'aura pas la même saveur si vous savez écrire depuis l'intérieur de vos personnages plutôt que de l'extérieur, comme un observateur anonyme. Et la seule manière d'y arriver est d'observer, d'observer et d'observer encore en faisant travailler sa centrale nucléaire à idées.

Où trouver des *high concepts* par milliers et vous entraîner à en écrire ? (le petit secret qui change tout et qui donne un turbo à votre créativité)

Je vais vous donner une petite astuce à un million de dollars, pas moins.

Il y a un site qui rassemble des millions de *high concepts* : c'est www.allocine.com

Regardez le résumé des films, comment il est construit, ce qu'il recèle d'informations et d'éléments pour vous donner envie de les voir. Généralement, ces résumés sont extraits des dossiers presse des maisons de production et ont été rédigés par des copywriters assez compétents pour vous donner envie de vous déplacer dans une salle de cinéma.

Alors, voilà l'astuce : trouvez un bon *high concept*, d'un film qui vous parle, dont le sujet, l'ambiance ou l'univers vous attire. Puis essayez de faire mieux qu'eux. Si vous n'avez pas vu le film, utilisez les éléments sur le site pour le réécrire autrement. Identifiez les cinq éléments essentiels, regardez quels mots ont été utilisés et tentez l'aventure de faire mieux.

Si vous avez vu le film, vous disposez d'un point de vue. Utilisez ce point de vue pour réécrire le *high concept*. Et comparez ! Est-ce que vous avez réussi à faire mieux ? Est-ce que c'est impossible ? N'hésitez pas à demander autour de vous, entre les deux textes, celui d'Allociné et le vôtre, lequel est le meilleur. Choisissez des gens qui n'ont pas vu le film.

Vous allez voir que cet exercice n'est pas si simple. Mais ô combien riche d'enseignements !

ESSENTIEL ! Votre cahier à idées

> *« Les vrais grands écrivains sont ceux dont la pensée occupe tous les recoins de leur style. »*
>
> *Victor Hugo*

Si vous n'avez pas TOUJOURS votre cahier à idées avec vous, où que vous soyez, quoi que vous fassiez, peu importe avec qui vous êtes, vous êtes un demi-écrivain.

C'est un peu dur, ce que je dis, mais n'oubliez jamais qu'une idée a un degré de volatilité élevé.

Dès qu'une autre pensée envahit votre tête, votre idée n'est déjà plus qu'un vague brouillard dans vos souvenirs. Comme notre conscience prend un malin plaisir à nous faire sauter d'une pensée à une autre à la vitesse d'une voiture de course pour le Grand Prix de Formule 1, nous ne disposons que de quelques secondes pour conserver définitivement une idée. Vous vous y accrochez sans penser à rien d'autre, vous dégainez votre carnet plus vite que votre ombre et vous notez en quelques mots ce qui occupe votre esprit.

Ouf ! C'est gagné. Si vous avez un peu de temps, vous pouvez ajouter quelques mots pour préciser votre idée avant que votre esprit s'accroche à quelque chose d'autre.

Une fois votre idée bien notée, soyez rassuré.

Un jour elle servira, le temps que votre inconscient la tourneboule dans tous les sens.

Maintenant, voici un lien vers une vidéo gratuite de plus d'une heure entièrement consacrée aux idées. Là, j'entre vraiment dans le détail et vous pouvez la regarder maintenant avant de passer à la suite. Je suis sûr qu'elle va vous inspirer… surtout pour l'exercice pratique n° 1 qui arrive… maintenant !

Lien vers la vidéo gratuite consacrée aux idées :

http://ecrireunroman.fr/avoir-des-idees-de-roman-a-succes

EXERCICE PRATIQUE Nº 1 : TROUVEZ VOTRE PREMIER *HIGH CONCEPT*

Bienvenue dans l'exercice pratique nº 1 (le plus difficile).

Là, vous allez devoir écrire sur la première page dix idées de roman qui vous tiennent à cœur en… une ou deux lignes. Puis, sur les deux pages suivantes, vous allez choisir ce qui vous semble être la meilleure idée et en faire un *high concept* qui soit costaud. Je vous laisse deux pages entières pour que vous fassiez plusieurs versions.

Au fur et à mesure que vous travaillez sur votre *high concept,* notez dans un coin toutes les idées qu'il fait naître. S'il y en a beaucoup, vous êtes sur la bonne voie. Soyez sérieux avec vous-même, donnez-vous à fond et prenez le temps de le faire.

N'oubliez pas, trouver une bonne idée, un bon *high concept,* prend au minimum un mois (à moins d'avoir une révélation ; ça arrive régulièrement, encore faut-il savoir la synthétiser en une histoire à fort potentiel). Et toute la suite, toute votre réussite, dépend de ces quelques phrases. Un mot de travers et vous allez dans le fossé. À vos crayons…

Dix idées de roman

Affinez votre high concept

LA PRÉPARATION (40 %)

> *Pour bien écrire, il faut une facilité naturelle et une difficulté acquise.*
>
> *Joseph Joubert*

C'est fait ! Vous avez entre les mains un superconcept qui semble tenir la route. Vous avez cravaché dur pour l'avoir, à vous en tordre les doigts à force de trouver le bon mot, la bonne phrase, qui résume et synthétise toute l'idée de votre roman. Sans compter toutes les idées de scènes, de personnages, de retournements de situation que vous avez notées en vrac à côté.

Imprimez-le et affichez-le devant votre bureau de travail. Jusqu'à la dernière étape, votre superconcept va être votre guide divin pour aller jusqu'au bout et réussir.

Et maintenant que vous attaquez la préparation, le plus gros morceau de l'IPER-V, croyez-moi, vous allez vous y référer tout le temps, à ces quelques phrases. Elles délimitent votre terrain de jeu créatif et vous poussent hors des sentiers battus de la narration bête et méchante pour innover et trouver la meilleure route pour que votre histoire soit magnifiée.

Vos cahiers de préparation (un cahier par *high concept*)

Retenez cette règle, elle vous facilitera la vie : pour chaque *high concept* vraiment sérieux, utilisez un cahier différent. Pourquoi ? Chaque histoire est unique. Un personnage appartenant à un *high concept* va être développé spécifiquement pour celui-ci. Il va être construit par rapport à l'intrigue, par rapport à l'antagoniste, par rapport à l'UNITÉ de votre histoire. Transposé dans un autre *high concept*, il faudra le retravailler complètement. Aucun élément d'un *high concept* ne peut être transféré dans un autre *high concept* sans le reprendre depuis le début.

Si vous avez un seul cahier dans lequel vous développez plusieurs superconcepts, c'est comme si vous mélangiez l'apéritif au dessert, et vous allez en arriver au point où vous ne saurez plus quel ingrédient va où.

Si vous développez chaque roman un par un, pas de soucis, vous avez votre cahier et c'est tout bon. Si vous êtes comme moi et que vous développez systématiquement trois, quatre ou cinq projets en même temps, respectez cette règle. C'est comme la barrière qui vous empêche de tomber des 102 étages de l'Empire State Building.

L'étape la plus importante de toutes les étapes

Comme je l'ai dit plus haut, la préparation EST l'étape la plus importante de toutes. Si vous n'avez pas de préparation, c'est comme si vous vouliez préparer des sushis sans disposer de la recette ni... des ingrédients... ni même d'une cuisine.

Vous savez à quel point c'est difficile et compliqué et combien ça prend de temps de préparer de bons sushis dans la véritable tradition japonaise. C'est un art qui requiert des années d'entraînement pour les cuisiniers, au Japon. Préparer un roman, c'est comme préparer de vrais sushis... puissance 100.

Préparer un roman, c'est 40 % de votre temps de travail. Chez certains auteurs, c'est 60 %, voire 70 %. Cela vous donne une idée de l'importance cruciale de la préparation.

Si vous avez bien préparé votre roman, son écriture sera un jeu d'enfant.

Si vous l'avez mal préparé, si vous l'avez négligé, si vous avez pensé que votre créativité remplacerait facilement cette étape, l'écriture sera un enfer et vous n'écrirez pas le mot « fin » sur votre manuscrit.

Je vais vous raconter une histoire. Environ sept mois après le début de la formation promotion 2015, un de mes étudiants m'a proposé de faire une co-écriture. J'ai accepté car j'avais de nombreuses affinités avec lui. Tous les jours pendant trois mois, plusieurs heures par jour, nous avons travaillé à la préparation. Au final, chacun savait exactement ce qu'il devait écrire, quel chapitre, comment chaque chapitre commençait et terminait, sur des cliffanghers à couper le souffle. L'ensemble était synthétisé sur un document de deux pages.

C'est lui que nous avons utilisé durant les deux mois d'écriture.

Bien sûr, nous avions de nombreuses notes à côté, sur tous les éléments du roman. Mais cette seule synthèse de deux pages nous a permis de travailler d'une manière très particulière : lui écrivait ses chapitres dans l'ordre, moi dans le désordre. À chaque chapitre écrit, l'un et l'autre, nous le révisions ensemble pour être certains que tout collait.

Eh bien, nous n'avons jamais eu besoin de changer une ligne de cette synthèse de deux pages ! Du début à la fin, tout était cohérent, structuré, logique sur le plan dramaturgique, puissant en termes de retournements de situation.

Tout avait été préparé minutieusement avant et, durant deux mois, nous avons joué avec notre histoire, en nous surprenant l'un l'autre sur ce que nous incluions dans les chapitres, sans jamais être perdus, sans jamais devoir rien changer à ce que nous avions imaginé initialement.

Nous nous sommes même amusés à nous refiler des chapitres contenant des personnages dont l'autre était responsable avec la consigne de respecter intégralement son phrasé, sa personnalité, son histoire. Car chacun de nous était « responsable » de deux des quatre protagonistes et antagonistes du roman. Et ça a merveilleusement fonctionné tant nous avions passé de temps à travailler le moindre détail, même le plus infime, le plus discret, le plus invisible pour le lecteur final.

C'est la puissance de la préparation.

La composition en six points

La préparation est comme un orchestre à six instruments. On développe la partition pour les six instruments simultanément afin d'obtenir une composition qui donne une symphonie littéraire puissante et addictive.

Cette image de l'orchestre est importante. Chopin, Mozart, Wagner et tous les autres sont toujours écoutés et interprétés de nos jours par des orchestres philharmoniques, ou des pianistes, ou des violoncellistes, du monde entier.

Le mot « interprété » prend également tout son sens pour un roman, car celui-ci peut devenir un film, une pièce de théâtre, une BD, une série, un opéra ou n'importe quoi d'autre. Encore une fois, seul le format change, le fond reste le même.

Seule la puissance du fond de votre histoire peut lui donner une pérennité et des interprétations.

Et la puissance du fond de votre histoire ne peut s'obtenir que par une intense préparation. C'est indépendant du talent et de l'inné. Tant qu'il y a des possibilités narratives, n'arrêtez pas de vous préparer.

C'est une fois atteint une sorte de seuil, où il nous semble que nous avons tout exploré, que notre intrigue est complète, que nos personnages sont tellement travaillés que nous vivons à travers eux au quotidien, que nous savons que nous pouvons passer à l'écriture. Et nous n'en pouvons plus d'attendre cette étape de l'écriture !

N'abandonnez jamais la préparation s'il y a encore des idées exploitables, des pistes à suivre, d'autres idées à traiter pour que l'histoire soit encore plus palpitante.

C'est le défaut n° 1 des auteurs : penser que l'étape de la préparation est terminée. Dans 90 % des cas, elle ne l'est pas. C'est souvent au deuxième roman qu'on s'en rend compte.

Astuce : imaginez alors que vous écrivez déjà votre deuxième roman et adoptez une exigence vis-à-vis de cette étape comme ont pu le faire les plus grands compositeurs de musique classique des siècles derniers.

Donc, la préparation concerne six « instruments » dont vous allez devoir écrire la partition simultanément :

1 - Les personnages

2 - Les lieux

3 - La structure

4 - Le genre

5 - Le style

6 - L'histoire

Allez, c'est parti !

Les personnages

Qu'y a-t-il de plus important dans un roman que les personnages ? C'est à travers eux que vos lecteurs vont découvrir votre univers, votre intrigue, vos lieux, votre histoire. Sans personnages, pas de roman. Aucune histoire n'existe sans personnages.

Et c'est là qu'est tout le challenge. Vos personnages doivent être suffisamment construits, denses, réalistes dans leurs émotions, dans leur sociabilité (ou leur insociabilité) pour que vos lecteurs accrochent à tout le reste.

Que ce soient des animaux dans les livres pour enfants, des voitures « humaines » dans *Cars* (de Pixar), des robots, des extraterrestres ou des humains, ou n'importe quelle autre forme de personnages, il y en a toujours.

Quelle que soit la qualité de votre intrigue, si vos personnages ne sont pas « conséquents » et ne provoquent pas d'empathie (empathique ne veut pas dire obligatoirement sympathique), vos lecteurs arrêteront vite de lire votre roman.

Vous devez donc travailler encore et encore chacun des personnages qui peuplent votre histoire.

Si vous avez un protagoniste et un antagoniste unique, c'est plus simple. Bien que vous deviez aussi développer tous les personnages secondaires ou les « figurants », votre attention reviendra toujours vers vos deux belligérants principaux et vous disposerez du temps nécessaire pour les étoffer, pour les rendre crédibles dans leurs actions, dans leurs réactions, dans leurs dialogues.

Pour un premier roman, c'est ce qu'il y a de plus simple.

Par contre, si votre histoire est à multiples protagonistes et/ou antagonistes, vous allez devoir développer chacun d'entre eux comme s'il était unique et sans jamais « produire » deux identités similaires, deux fonctions identiques, deux personnalités qui se ressemblent. Là, ça devient du travail d'orfèvre.

Dans l'actuelle saga que je suis en train d'écrire et dont le premier tome est sorti en mars 2018, il y a près de vingt personnages principaux, 210 personnages secondaires et plus d'un millier de figurants qui vivent une histoire étalée sur 3 500 pages au total. Imaginez le boulot… Mais qu'est-ce que c'est passionnant !

Durant les huit semaines intensives de la Formation Godefroy, je reviens très souvent sur les personnages et pas mal de vidéos du Club des Écrivains y sont également consacrées.

Comprendre et développer vos personnages est la toute première partition que vous allez commencer à écrire. Cependant, je rappelle que toutes les partitions sont écrites en même temps. Vous commencez par les personnages, puis en les travaillant vous découvrez des lieux d'aventure qui eux-mêmes viennent s'insérer dans la structure, etc.

Dans tous les cas, commencez par les personnages. Ils vont être un tremplin pour rédiger la musique des cinq autres instruments de votre orchestre littéraire. Et revenez-y autant que nécessaire jusqu'à ce qu'ils soient une partie de vous-même.

Les personnages sont des FONCTIONS de votre HISTOIRE.

Ce que je vais dire est parfois un peu difficile à comprendre au départ, mais une fois que vous aurez adopté ce principe, vous n'écrirez plus jamais un roman comme avant la lecture de cette méthode.

Tout personnage, quel que soit son niveau d'importance dans l'histoire, qu'il soit principal, secondaire ou juste un figurant EST une fonction. Il est un rouage d'une montre suisse. Connaissez-vous une seule pièce d'une montre suisse qui n'ait pas une utilité vitale au fonctionnement de la montre ?

Qu'est-ce que cela veut dire ?

Tout simplement qu'un personnage DOIT servir l'intrigue. Si c'est un élément de décoration qui ne permet pas de faire avancer l'histoire, s'il est là comme un pot de fleurs dans le désert du Sahara, posez-vous très vite la question : est-il utile que je parle de lui ? Ou puis-je lui donner une fonction ?

Généralement, un personnage sans fonction ne sert à rien, il ralentit l'intrigue et peut même, si vous vous attardez sur lui, carrément flinguer votre récit.

Pour bien que vous compreniez les fonctions, donnons quelques exemples :

- Le protagoniste doit sauver son honneur (le grand classique d'Hollywood, c'est : doit sauver le monde !).

- La femme du protagoniste doit révéler les faiblesses du protagoniste pour qu'il s'en affranchisse.

- Le meilleur ami du protagoniste va le trahir par cupidité.

- Le concierge du protagoniste, qui lui donne de bons conseils, va se révéler être un subalterne de l'antagoniste qui va finalement aider le protagoniste à la fin.

- L'antagoniste veut mettre le protagoniste en prison ET récupérer sa femme.

Comme vous pouvez le voir, la fonction d'un personnage s'apparente le plus souvent (mais pas toujours) à l'objectif qu'il doit atteindre.

Par exemple, l'objectif de la femme du protagoniste pourrait être de divorcer le plus vite possible pour rejoindre l'antagoniste. Et c'est par les actions qu'elle fait contre le protagoniste qu'elle lui révèle ses faiblesses, ce qui va lui servir pour gagner contre l'antagoniste, s'innocenter, retrouver son honneur et récupérer sa femme. Là, on voit que l'objectif et la fonction de la femme du protagoniste sont différents mais essentiels au développement de l'intrigue.

Tout ce qui n'est pas essentiel doit être écarté.

Dans votre carnet, notez toutes vos idées sur les fonctions et les objectifs. C'est le socle de tout.

Savoir à quoi ressemble un personnage AVANT que vous n'ayez fait ça ne sert strictement à rien. Car souvent, son look, sa personnalité, son passif vont être déterminés par sa FONCTION et ses OBJECTIFS.

Qu'en est-il des figurants, comme le réceptionniste d'un hôtel qui accueille le protagoniste pour lui donner ses clés et lui faire signer le registre ? Si vous ne trouvez pas de fonction à ce figurant, il y a fort à parier qu'il n'y a aucun intérêt que cette scène fasse plus d'une demi-ligne, et encore. Elle ne figurerait pas dans le roman que ça ne changerait rien. Par contre, si vous trouvez que la fonction du réceptionniste est de prévenir la police une fois que le protagoniste lui a tourné le dos, alors cette scène mérite quelques phrases. Peut-être même un peu plus, comme un chapitre, si c'est une scène clé, un PIVOT DRAMATIQUE.

Durant la préparation, concentrez-vous uniquement sur les personnages qui ONT une fonction. Ignorez tous les autres.

Puis, en phase d'écriture, libérez-vous pour créer des figurants sans fonction, simplement parce que ça va donner de l'air pur à votre histoire, la faire respirer, sans jamais vous attarder sur eux.

Idéalement, dans un roman bien fait et fascinant, tous les personnages ont une fonction.

Ainsi, tout se tient du début à la fin. Si vous enlevez ou ajoutez un personnage, c'est comme un château de cartes qui s'effondre. Ça ne fonctionne plus ! Si vous obtenez ce résultat, alors vous tenez une pépite dans vos mains.

Pour votre premier roman, essayez de viser cet objectif, vous en comprendrez la puissance plus tard : imaginer uniquement des personnages avec une fonction et dans certains cas des objectifs différenciés.

Les quatre FONCTIONS de base

Quels que soient votre histoire, son genre, son univers, vous ne pourrez pas échapper à ces quatre fonctions que l'on retrouve dans tout excellent roman, dans tout film, dans toute série. Elles forment le quatuor de base de toute histoire. En enlever une est impossible.

Par contre, et bien sûr, il existe des centaines d'autres fonctions. Comment les trouver ? En réalité, c'est très simple : plus vous travaillez votre histoire, votre structure, plus vous avez d'idées de scènes, plus vous avez d'idées de personnages. Et c'est là que se pose la question : ces personnages appartenant à une scène sont-ils secondaires ou sont-ils des figurants ? Une fois déterminée l'importance de votre personnage, posez-vous la question : « quelle est sa fonction ? ». Si vous ne trouvez pas de fonction, revenez à votre idée de scène et réfléchissez à son importance dans l'histoire. Peut-être qu'elle est inutile ou qu'il faut la changer pour en faire une scène palpitante qui a un réel intérêt pour votre lecteur.

Bien, regardons de plus près le quatuor des fonctions de base, ou des fonctions essentielles à toute bonne histoire :

Le protagoniste

J'en ai déjà beaucoup parlé. Pas d'histoire sans héros, au sens large du terme. Le protagoniste est le point de vue que vous donnez à votre intrigue, à votre structure, à votre univers. C'est à travers lui, à travers ses doutes, ses choix, sa personnalité, ses actions, ses réactions que l'on va comprendre tout ce qui se trouve autour de lui.

En choisissant votre protagoniste, c'est aussi à ce moment-là que vous allez commencer à réfléchir au temps que vous allez utiliser (le présent, le passé simple ou pourquoi pas le futur), à anticiper des épisodes de flash-back ou d'autres techniques narratives (donc à commencer à travailler sur les autres partitions) et à choisir si vous êtes complètement à l'intérieur de lui (l'histoire est racontée avec le « je ») ou si vous avez une sorte de vision plus élevée des événements (en utilisant le « il »). Bref, plus vous construisez votre protagoniste, en tant que fonction, plus les éléments constructifs de votre roman se mettent en place.

L'antagoniste

L'importance de l'antagoniste est souvent sous-estimée. L'auteur le perçoit comme une opposition aux objectifs de son protagoniste, ce qui est bien sûr le cas. Mais l'intérêt de l'antagoniste va bien plus loin : en réalité, c'est à partir de lui que vous allez créer votre monde, affiner votre protagoniste, déterminer la puissance de l'opposition entre ces deux fonctions essentielles, esquisser tous les personnages secondaires, définir votre terrain de jeu (une rue, une ville, un pays, le monde entier, l'univers). Dès que vous avez l'idée de votre protagoniste, même s'il est encore flou, commencez tout de suite à travailler votre antagoniste. Les deux ensemble vont déterminer tout le reste de la partition littéraire et plus vous vous investissez dans leur crédibilité respective, plus vous les densifiez au point qu'ils en deviennent réels, plus tous les autres éléments se mettent en place tout seuls.

Parfois, on a l'idée d'un antagoniste qui n'est pas une personne, comme un gouvernement, un service secret, une société secrète, un événement social. Dans ce cas, tentez d'identifier une ou des personnes capables d'incarner cette entité un peu floue. Ainsi, même si c'est une entité qui est le réel antagoniste, vous lui donnez un ou plusieurs visages (et personnalités), ce qui rend beaucoup plus facile l'antagonisme entre vos personnages. Retenez juste qu'un protagoniste ne peut se battre contre une entité que si celle-ci a un visage humain, l'incarnation à un niveau perceptible par votre héros d'un truc surpuissant et imbattable.

Enfin, n'oubliez jamais le conseil qui suit. Même s'il n'est pas valable pour des Américains en général, il est valable pour le reste du monde :

Rien n'est totalement noir, rien n'est totalement blanc, toute personne est une palette de gris qui s'exprime au travers des actions et des réactions aux événements.

Des séries comme *Game of Thrones* ou *The Walking Dead* expriment à merveille comment des protagonistes peuvent parfois devenir des antagonistes pour certains et vice-versa. Et le moyen d'y parvenir pour un auteur est de connaître parfaitement l'être humain, donc… d'observer et de comprendre la complexité des gens qui nous entourent.

Les alliés et les adversaires

Comme leur nom l'indique, les alliés sont les personnages secondaires ou les figurants qui vont aider le protagoniste dans sa quête. Même les héros solitaires, comme ceux incarnés par Clint Eastwood dans ses plus célèbres westerns, trouvent des alliés, des gens prêts à les soutenir dans leur objectif, même s'il n'est pas politiquement correct (revisionnez *Le Bon, la Brute et le Truand*, par exemple).

Les alliés sont vraiment importants car ils vont densifier l'histoire et le protagoniste. Cependant, des alliés peuvent se révéler être de faux alliés au service de l'antagoniste. Tout comme des adversaires peuvent être des alliés dans certaines situations.

Plus vous complexifiez vos personnages secondaires (alliés et adversaires), plus vous enrichirez vos personnages principaux.

En découvrant les valeurs intrinsèques de chaque personnage secondaire, vous pénétrez de plus en plus dans l'âme de vos deux personnages principaux (et donc dans le point de vue que vous allez donner à votre lecteur). Jonglez avec vos notes et vos idées, posez-vous toujours la question de l'utilité de tel ou tel personnage, puis passez le temps qu'il faut pour faire de chacun, quelle que soit son importance dans l'histoire, un véritable être humain, à la fois simple à comprendre mais terriblement complexe à l'intérieur.

Quant aux adversaires, ils se construisent exactement comme les alliés. Sauf qu'ils sont à la botte de l'antagoniste, ce qui ne les empêche pas dans certains cas de devenir des alliés provisoires ou permanents.

Et surtout, évitez à tout prix les clichés !

C'est à ça qu'on reconnaît un grand auteur.

Les six lois de McKee

Dans la bibliographie que vous trouverez en fin de volume, il y a un livre qui se trouve en première position : c'est *Story*, de Robert McKee. J'avoue que je lui dois beaucoup dans la compréhension des bases solides d'une bonne histoire. Et c'est un orateur hors pair, ce qui donne à ses conférences une puissance difficile à oublier. Comme vous le découvrirez dans cette dernière section, j'explique l'intérêt de chaque livre et, idéalement, dans quel ordre vous devez les lire pour approfondir votre compétence littéraire après avoir étudié la Méthode Godefroy.

Dans *Story*, Robert donne d'excellents conseils qui peuvent ensuite être approfondis par d'autres lectures que je propose, plus techniques ou plus complexes. Cependant, *Story* a cet avantage de synthétiser le plus important.

Ce qui m'amène aux personnages. McKee donne six conseils que j'ai relevés et rassemblés (ils sont un peu dispersés dans les cinquante premières pages), car je pense que ces six conseils valent de l'or et qu'aucun auteur ne peut en faire abstraction. Je vous les livre ici et dans la vidéo IPER-V que vous trouverez plus loin, vous découvrirez des explications plus détaillées sur ces six conseils. Cependant et à titre personnel, je pense qu'il suffit de les lire pour les comprendre. Réfléchissez bien à ce qu'ils signifient, sans écouter la vidéo, sans lire *Story*, c'est la meilleure des écoles pour entrer dans le processus créatif.

Les six conseils de McKee :

1 - Un protagoniste est un personnage qui a de la volonté.

2 - Le protagoniste a un désir conscient.

3 - Le protagoniste peut aussi avoir un désir inconscient en contradiction avec son désir conscient.

4 - Le protagoniste a la capacité de poursuivre son désir conscient de manière convaincante.

5 - Le protagoniste a la volonté et la capacité de poursuivre l'objet de ses désirs conscients et inconscients jusqu'au bout, jusqu'à la limite humaine établie par le lieu où se déroule l'action et le genre auquel elle appartient.

6 - Le protagoniste doit inspirer l'EMPATHIE. Il n'est pas nécessaire qu'il soit sympathique.

Votre antagoniste : la clé du succès !

Contrairement à une idée reçue, ce n'est pas le protagoniste qui crée l'histoire mais l'ANTAGONISTE. Le protagoniste a pour rôle clé de donner un POINT DE VUE. Celui de l'antagoniste est de déterminer LA PUISSANCE NARRATIVE de votre histoire. En clair, si votre antagoniste est faible, votre histoire sera faible. Si votre antagoniste est peu défini, votre histoire sera peu définie. Toute la puissance narrative, les rebondissements, les cliffanghers, les personnages secondaires découlent de la QUALITÉ de votre ANTAGONISTE.

Votre protagoniste est là pour souffrir (à cause de l'antagoniste) tout en montrant son point de vue sur le monde qui l'entoure et les personnages qu'il rencontre. Ce qui en découle, c'est que plus votre antagoniste est richement défini à tous les niveaux, plus il est puissant, plus il a une personnalité empathique même s'il est profondément antipathique, plus votre protagoniste sera à son tour mûrement réfléchi et plus tous les instruments de votre symphonie littéraire joueront une histoire mémorable qui entrera dans les annales des souvenirs de vos lecteurs. Et plus vous aurez de chances de vendre des droits dérivés, la base de ce qui permet à un écrivain de vivre de sa plume.

Enfin, retenez ce conseil : votre antagoniste se construit exactement de la même manière que votre protagoniste. Plutôt que de le considérer dès le départ comme le méchant de l'histoire, imaginez-le comme un second protagoniste qui donne un point de vue différent du monde et de l'histoire. Faites de votre ennemi votre meilleur ami. Rendez votre antagoniste profondément humain et alors vous aurez toutes les chances d'éviter tous les clichés que l'on voit trop souvent.

Les personnages sont des ARCHÉTYPES dissimulés

La notion d'archétype fait peur à beaucoup d'écrivains : ils ont l'impression qu'ils vont écrire la même histoire que des tonnes d'histoires existantes sur le même sujet que celui qu'ils veulent travailler. En réalité, c'est l'inverse. L'utilisation des archétypes est un outil de création de personnages essentiel et inévitable. On ne peut pas y échapper. Même si vous vous dites « ah ! ah ! je suis plus doué et plus intelligent que les autres », dans les faits vous créerez des archétypes. C'est juste inéluctable.

Par contre, et c'est là qu'entrent en jeu votre créativité et votre talent, les archétypes ne doivent pas se voir pour vos lecteurs. Ce qui nécessite de complexifier vos personnages par une vraie personnalité, de les densifier, d'en faire des êtres uniques comme nous le sommes tous sur cette planète.

Si vous y réfléchissez bien, nous sommes nous aussi des archétypes. Mais nous ne sommes pas le même archétype en fonction des gens qui sont autour de nous et des situations que nous affrontons. Si je suis le président d'un club de jeu de rôle, probablement suis-je le protagoniste de ce club. Mais si à côté je passe mon temps à pourrir la vie de mon frère, je suis l'antagoniste de notre histoire familiale. Ce qui nous amène à répéter cette phrase très banale mais ô combien vraie : rien n'est noir, rien n'est blanc, tout est gris.

James Ellroy par exemple, considéré désormais comme le plus grand écrivain américain vivant de son temps par les critiques littéraires de son pays, est un spécialiste de ce « gris ». Tous ses personnages sont humainement complexes, parfois jusqu'à la folie. Mais tous ses personnages sont des archétypes, ont une fonction et très souvent un objectif différent.

Réfléchissez à tout cela de votre point de vue, avec votre propre histoire, vous en retirerez de nombreuses leçons pour construire des archétypes complexes et solides.

Pour vous donner des exemples, voici quatre archétypes. Il y en a d'autres. Beaucoup d'autres. Mais ces quatre-là sont quasiment présents dans toutes les histoires.

Le héros

Le héros est celui qui mène sa quête jusqu'au bout, quelles que soient les étapes difficiles à franchir. Dans 99 % des cas, le héros EST le protagoniste. Mais des auteurs comme Lovecraft ont changé les règles du jeu, car dans ses récits, c'est souvent l'ami (le protagoniste) d'un personnage cher, comme son collègue, son étudiant ou son mentor (le héros) qui raconte à travers ses recherches le parcours héroïque d'un homme disparu à jamais en quête de quelque chose d'horrifique. C'est une technique géniale, extrêmement peu utilisée mais intensivement fabuleuse (je vous donne une piste pour vous distinguer de la masse). Et on peut imaginer qu'il y a encore beaucoup d'autres techniques narratives de ce genre à découvrir, à inventer.

Le mentor

Pas de héros sans mentor(s). Lorsque le protagoniste est propulsé dans le monde de l'aventure (on va étudier ça dans la structure héroïque), il doit trouver quelqu'un qui le forme aux « nouvelles règles du jeu ». C'est excessivement rare qu'il n'y ait pas de mentor dans une histoire. C'est un élément essentiel de la construction du personnage principal. Sans mentor, le protagoniste/héros ne peut pas s'affranchir des anciennes lois pour comprendre le nouveau monde dans lequel il se trouve et les enjeux qu'il doit affronter.

Si je reprends l'exemple des fonctions, on pourrait très bien imaginer que la femme du protagoniste, dans sa lutte contre lui, est son mentor. Elle est à la fois le mentor, et a une fonction et un objectif différent, ce qui la rend éminemment complexe. Vous comprenez ?

Il peut y avoir plusieurs mentors pour un héros : c'est le cas de Luke Skywalker dans *Star Wars*. Il y a Yoda, Obi-Wan Kenobi et Han Solo. Trois mentors pour un héros dans une épopée galactique directement inspirée des mythes grecs (dixit George Lucas lui-même).

Le gardien du seuil

Dans une bonne histoire, il y a de nombreux gardiens du seuil. Ce sont à quelques exceptions près tous des personnages secondaires qui sont là pour donner du fil à retordre à votre protagoniste. Le rôle d'un gardien du seuil est d'interdire l'entrée d'un endroit stratégique à votre protagoniste. Ramené à la mythologie, c'est le Sphinx. Tout gardien du seuil est un Sphinx en puissance active.

Si votre héros doit entrer dans une boîte de nuit où se déroulent divers trafics de stupéfiants, les videurs (les gardiens du seuil) vont avoir ordre de mettre le protagoniste sur le trottoir d'en face manu militari. Le héros doit donc trouver des astuces pour réussir à entrer. Mais le gardien du seuil peut aussi être quelqu'un qu'il connaît et dont il ne s'attend pas à ce qu'il le freine dans son objectif ultime. Bref, le gardien du seuil est un élément indispensable à toute bonne histoire !

Par exemple, dans *Exotica*, d'Atom Egoyan (un de ses premiers films, construit comme une machine mathématique au niveau du scénario, un chef-d'œuvre d'écriture), le gardien du seuil est le D.J. qui anime le club érotique, reflet d'un drame passé qui n'a laissé aucun des protagonistes sans blessure profonde. Ce n'est pas un personnage secondaire mais bel et bien un des trois protagonistes qui apparaissent dans l'histoire. Il est également l'antagoniste. Cela vous donne une idée de la densité humaine de ce personnage. Et c'est par une sorte de confrontation passive qu'ils s'en sortent plus ou moins. En 1995, de mémoire, un seul cinéma à Paris le diffusait. J'étais allé le voir le jour de sa sortie. Ensuite, il est resté presque deux ou trois ans à l'affiche dans un cinéma Art et Essai derrière le jardin du Luxembourg. Je suis allé le voir au moins dix fois avant d'avoir ENFIN le scénario entre mes mains. Si un jour vous avez l'occasion de le voir…

L'ombre

Voilà un des archétypes les plus complexes qui soient. À lui seul, il mériterait un livre explicatif tant son rôle est à la fois obscur et… palpitant. Pour faire simple, c'est l'épreuve en noir et blanc de votre protagoniste en couleur. Il est l'inverse total de votre héros et c'est par un effet de miroir avec l'ombre que votre protagoniste devient vivant. L'ombre est votre protagoniste dans une épreuve photo négative. Je ne sais pas si ça vous parle. C'est comme si vous inversiez les polarités de votre héros pour avoir un personnage qui représente tout ce qu'il y a de mal en lui.

Par subtilité, on évitera de faire de l'antagoniste l'ombre du protagoniste, même si dans certaines histoires ça marche. L'ombre n'est jamais un archétype seul. Il est toujours associé à un autre archétype OU à une autre fonction. C'est cela qui le rend puissant. Imaginez votre ombre en train de vous parler. Elle est l'exact opposé de vous. Pourtant, c'est votre ombre, elle ne peut vous quitter, elle ne peut se séparer de vous. Vous êtes dans la lumière des lampadaires, votre ombre grignote chaque morceau d'obscurité sans jamais vous lâcher. C'est très dur de développer une ombre, mais si vous y arrivez, votre histoire prendra une tout autre dimension.

SECRET D'AUTEUR N° 1

Le PROTAGONISTE doit RADICALEMENT CHANGER entre le DÉBUT et la FIN de l'HISTOIRE.

Si votre héros est pareil à la fin qu'au début, vous avez tout raté ! Et pas qu'à moitié.

Si on raconte une histoire, c'est pour parler de transformation, de rédemption :

- le dealer du coin qui devient un Robin des Bois après avoir subi les foudres de la justice et l'hostilité des policiers ;

- le trader qui, après avoir volé des milliards de dollars à ses clients, se rend compte à quel point il est un salaud et va tenter de se racheter en coulant sa banque ;

- le flic véreux de New York dans les années quatre-vingt qui devient un symbole de l'anticorruption dans Manhattan après l'accession de Rudolf Giuliani à la mairie.

Votre protagoniste DOIT se transformer.

C'est une règle d'or !

SECRET D'AUTEUR N° 2

FAITES la différence entre le CARACTÈRE et la CARACTÉRISATION.

Je pourrais écrire quarante livres sur ce sujet. Parce qu'aucun jeune auteur ne fait la différence entre ces deux notions.

La CARACTÉRISATION d'un personnage est la manière dont il parle, dont il bouge, dont il s'habille, bref, des choses insignifiantes pour l'histoire elle-même. De temps en temps, ça peut être utile, si c'est au service de l'intrigue.

Sinon, laissez vos lecteurs imaginer tout ça. Après tout, vos lecteurs ne disposent-ils pas de cet incroyable espace de liberté où ils imaginent votre récit comme ils ont envie de le voir ? Demandez à deux lecteurs comment ils ont perçu une scène, vous aurez deux réponses différentes.

Ne forcez pas vos lecteurs à être traînés en laisse pour qu'ils voient votre univers comme vous avez envie qu'ils le voient. Ce n'est pas bon et c'est le propre de la caractérisation.

Par contre, LE CARACTÈRE, c'est une autre paire de manches. C'est là que tout va se jouer pour que vos lecteurs, vos critiques, et n'importe qui d'autre puissent dire : « OK ! T'as assuré ! »

Le caractère, c'est comment votre personnage réagit en situation de stress. Tout simplement.

- Je vois des militaires envahir la rue et tirer partout, qu'est-ce que je fais pour ma famille ? Si je suis sur le palier les bras levés, prêt à être flingué au lieu de faire fuir tout le monde par les toits au risque de notre vie, la manière dont on va me voir est différente : suis-je lâche ou suis-je courageux ?

- Je suis toujours amoureux de ma femme sept ans après notre séparation. Je l'aime toujours mais je n'arrive pas à le lui dire. Elle se cale avec un gros connard de première plein de flouze et hautain par-dessus tout. Je lui rentre dedans ou je tais ma colère ? Je récupère ma femme en étant combatif ou je laisse pisser, sombrant dans la drogue, l'alcool et les putes ?

Voilà des éléments de caractère. Plus vous allez développer vos personnages, plus vous allez avoir à faire entre la caractérisation et le caractère. Mais retenez toujours, sans une seule exception près, que le caractère l'emporte haut la main sur la caractérisation.

EXERCICE PRATIQUE N° 2 : AFFINEZ VOTRE *HIGH CONCEPT*

Voilà pour les personnages. Maintenant que vous avez compris le principal, passons à l'exercice n° 2. Vous allez extraire de vos différentes prises de notes vos personnages que vous allez classer en trois catégories : principaux, secondaires, figurants. Normalement, vous avez deux personnages principaux (protagoniste et antagoniste), beaucoup de secondaires et quelques figurants. Vous pouvez noter entre parenthèses pour les deux dernières catégories des scènes clés que vous commencez à avoir en tête. Ça, c'est pour la première page.

Ensuite, vous disposez de quatre pages pour décrire vos personnages principaux et secondaires en quatre lignes maximum. Concentrez-vous uniquement sur leur caractère. Ne donnez aucun élément de caractérisation, sauf si c'est ESSENTIEL à l'intrigue. Inscrivez leur fonction et leurs objectifs en un minimum de mots. Vérifiez enfin que tous vos personnages, SANS EXCEPTION, peuvent être inclus ou rattachés à votre *high concept*. Si ce n'est pas le cas, c'est que vous êtes en train de faire un dérapage incontrôlé et que le fossé du texte inachevé se rapproche dangereusement. Reprenez ce livre à la première page et recommencez tout depuis le début !

Les lieux

Peu d'auteurs de romans, même parmi les plus lus, ont conscience de l'importance des lieux où se déroule chaque action. La recherche du bon lieu pour la bonne scène peut vous prendre beaucoup d'heures.

Personnellement, je collectionne, notamment via les concours de photographies qui se déroulent dans le monde entier, des photos de lieux exceptionnels et hors du commun. Puis, une fois qu'ils sont enregistrés dans ma médiathèque de lieux, je vais me renseigner sur chacun d'eux, sur leur histoire, sur ce qu'ils sont aujourd'hui et je crée une fiche de lieu. Je sais qu'un jour, elle me servira, et je n'aurai pas des tonnes de recherches à faire car tout sera déjà là. C'est exactement le genre de chose que je fais quand je n'écris pas. Ainsi, je dispose par avance de tous les éléments dont j'aurai besoin plus tard. Et c'est pareil pour les cinq autres instruments : les périodes de repos sont propices à la recherche, la documentation, les interviews de tel ou tel spécialiste.

Par exemple, je suis fasciné par les stations-service abandonnées. Je ne sais pas pourquoi. Mais une station-service oubliée, parfois au bord d'une route qui n'existe même plus, a un énorme pouvoir créatif sur moi. Le simple fait de trouver une nouvelle photo d'un tel lieu me met dans tous mes états.

J'adore aussi les villes totalement vides, symboles du déclin de l'homme et du renouveau de la nature sur ce que nous croyons être notre toute-puissance (comme la ville de Pripiat, la ville de Tchernobyl ; ou comme celle de Gbadolite, entièrement construite au milieu de la jungle du Congo – ex-Zaïre – par Papa Mobutu).

Si de votre côté vous êtes sensible à des lieux, comme ça, qui sont d'immenses sources d'inspiration (châteaux, églises, forêts sauvages, cascades, monuments funéraires…), cherchez des images. Elles seront toujours là pour vous aider à créer. Et à chaque nouvelle découverte… que d'événements dramaturgiques défilent d'un coup dans votre imagination.

La symbolique des lieux

Alors, pourquoi les lieux sont-ils si importants et pourquoi devez-vous y apporter une grande attention ?

Imaginons ensemble une scène, un vrai pivot dramatique (j'explique un peu plus loin ce qu'est un pivot dramatique, véritable clé de voûte de votre intrigue) : le protagoniste tue son mentor. C'est une scène puissante. Le choix du lieu va soit rendre cette action encore plus puissante, soit la réduire à peau de chagrin. Pour chaque scène, vous devez avoir une véritable réflexion sur la symbolique des lieux.

Revenons à notre scène ou le mentor est tué par le protagoniste. À votre avis, cela aura-t-il le même sens si ça se passe en haut d'une montagne, au bord de la mer ou sur une autoroute ?

De fait, la montagne représente naturellement le mentor, surtout si c'est tout en haut.

L'océan, la plage, est un lieu plus émotionnel où la force de la nature dépasse celle de l'homme, surtout si les vagues sont hautes, qu'il y a du vent, etc.

L'autoroute, sauf si c'est un élément clé de votre histoire, ne représente pas grand-chose dans le cadre de cette scène.

Vous décidez donc de choisir la montagne, une sorte de reflet de ce qu'est un mentor : un homme ou une femme qui domine un peu le monde en ayant des connaissances supérieures à celles de votre protagoniste. De là-haut, on peut voir toutes les terres autour, les nuages qui se trouvent plus bas, etc. C'est très puissant. Mais réfléchissons un peu plus. S'il y a de la neige éternelle sur son sommet, le lecteur va ressentir une sensation de froid glacial. Le protagoniste tue-t-il de sang-froid son mentor ? Alors, la neige a son importance. S'il pleut, les gouttes de pluie peuvent être le symbole de la tristesse d'un ou des deux personnages d'en être arrivé là. S'il y a du soleil, c'est peut-être que le mentor est heureux que cela se passe ainsi, comme une libération après avoir fait son travail de formation.

Vous comprenez ? Les lecteurs lisent entre les lignes. L'émotion qu'ils ressentent dans un roman vient de ces infimes détails sur lesquels vous bossez de nombreuses heures pour qu'ils les ressentent, sans qu'ils ne se rendent jamais compte que chaque pièce du puzzle dramaturgique est mûrement réfléchie.

Si un amnésique se réveille dans les poubelles d'une grande ville, dans la mer, sur une plage ou dans un lit d'une maison inconnue, cela crée quatre émotions et sentiments différents pour votre lecteur. Et toute la crédibilité de l'histoire qui se déroule ensuite repose sur ce premier ressenti.

Pour chaque scène, réfléchissez au lieu, au temps qu'il fait, au degré de civilisation. Vous pouvez multiplier par dix la puissance de n'importe quelle action de vos personnages en ayant une profonde réflexion sur les lieux où elles se déroulent.

Moins vous avez de lieux, mieux c'est !

Tout est dans le titre. Plus vous multipliez les lieux, plus vos lecteurs doivent faire un effort pour les appréhender. Bien qu'ils n'en soient pas conscients.

Même dans des films qui se déroulent dans le monde entier à un rythme effréné, vous pouvez avoir l'impression qu'il y a des centaines de lieux alors qu'en général, il y en a moins de dix. Une bonne série de films d'action à étudier est par exemple la première trilogie des Jason Bourne (tirée des trois best-sellers de Robert Ludlum). Regardez dans chaque film combien de lieux sont importants. Vous allez être surpris.

Plus un lieu est connu de votre lecteur, plus il lui est facile de s'imprégner de ce qui se passe entre les personnages, car une partie de son esprit est dégagée, il n'a plus besoin de réfléchir pour l'imaginer, le visualiser. Ce n'est pas pour rien, au-delà du budget, que les sitcoms, les séries pour ado ou les telenovelas ont toujours un lieu central et quelques lieux secondaires qui ne changent jamais. Et si un nouveau lieu apparaît, c'est très rarement pour une scène. Ce lieu ressortira de nombreuses fois.

Moins vous décrivez un lieu, plus il a de puissance...

N'est-ce point paradoxal ? Moins un lieu est surchargé de descriptions, plus votre lecteur peut l'imaginer. Plus vous voulez imposer votre vision du lieu, moins votre lecteur y sera sensible.

Quand un lecteur lit un livre, il a besoin de s'évader, de faire travailler son imaginaire. Si vous prenez une page pour décrire la cour d'un château, vous perdez des points d'intérêt auprès de l'imagination de votre lecteur. Parce que vous ne lui laissez pas le choix de s'approprier les lieux comme il en a envie.

Comme je l'ai dit plus haut pour un autre sujet, demandez à deux lecteurs de vous décrire un lieu clé de votre histoire, ils en auront chacun une vision différente. Et ce ne sera jamais la vôtre.

Soyez le plus light possible dans vos descriptions. Décrire un lieu est exactement la même chose que la caractérisation d'un personnage. Ça ne sert pas à grand-chose à part ralentir l'histoire et ennuyer vos lecteurs. C'est ce qui se passe à l'intérieur du lieu qui lui donne toute sa valeur, sa puissance. Concentrez-vous sur la symbolique des lieux, pas sur leur caractérisation. Un lieu EST EXACTEMENT comme un personnage. Respectez les mêmes règles et tout ira bien...

EXERCICE PRATIQUE Nº 3 : LISTEZ VOS DIX LIEUX PRINCIPAUX, MAXIMUM

Bien. Normalement, vous commencez à avoir pas mal de notes en vrac, des idées de scènes, vos personnages sont esquissés, votre *high concept* tient le coup et peut-être même que vous l'avez affiné depuis votre dernier exercice pratique, donc passons aux lieux : listez sur une seule page et en deux ou trois phrases maximum les dix lieux (ou moins) essentiels à votre histoire. Ne faites aucune caractérisation des lieux : tout ça, c'est dans vos notes. Concentrez-vous sur la symbolique des lieux.

Allez, c'est parti. Vous n'êtes pas pressé (écrire est une course de fond), prenez le temps de choisir les bons mots. C'est à vous :

Lieux

LES DIFFÉRENTES STRUCTURES

La structure

> *« Est-ce qu'un écrivain, finalement, possède une existence réelle ? »*
>
> *Paul Auster*

La structure de votre histoire est son système osseux, son squelette, ce qui lui permet de tenir debout. Avoir des personnages, des intrigues, des genres et tout le reste s'effondre sur lui-même si vous n'avez pas une structure bien solide.

Mais c'est quoi la structure ?

On en distingue deux :

- la structure littéraire

et

- la structure sous-jacente.

La structure littéraire et la structure sous-jacente

Pour bien comprendre la différence entre ces 2 Structures, imaginez un building.

Il est grand, il est beau, fait de matières nobles, comme du verres polarisés, du marbre, etc. A l'intérieur, tout est spacieux, splendide et plus on monte dans les étages, plus on a une vue imprenable sur la ville et l'univers qui nous entoure. Certaines tours sont mêmes des œuvres d'arts, elles sont vrillées, en forme d'obus ou de pyramide. C'est la STRUCTURE LITTÉRAIRE.

Mais derrière l'apparence, l'architecte a imaginé une structure pour faire tenir tout ça debout sur 400 ou 500 mètres de hauteur. Il a imaginé comment tout cela pouvait résister à des tremblements de terres, à la violence des vents, il a conçu un immense support en acier ou en béton armé, des systèmes d'aérations pour que tout le monde respire, etc. C'est la STRUCTURE SOUS-JACENTE, celle que le visiteur du Building n'imagine pas du tout.

STRUCTURE LITTÉRAIRE

La Structure Littéraire c'est votre Style, c'est votre talent à mettre en mots, en phrases captivantes votre histoire, votre intrigue, la personnalité profonde de vos Personnages. Cela ne s'apprend pas. C'est le résultat d'un long processus où chaque jour vous écrivez pour vous améliorer, comme un musicien passe 10 heures par jour à s'entraîner. L'apparence et l'attrait de votre œuvre littéraire est l'équivalent d'un Building que l'on reconnaît de loin ou d'un coup. C'est ce qu'on appelle un Best-Sellers, ou un livre à succès.

STRUCTURE SOUS-JACENTE

Par contre, la Structure Sous-jacente s'apprend, comme un architecte apprend son métier pour créer une structure solide qui va permettre au Maître d'œuvre (l'écrivain) d'exprimer tout son talent créatif. C'est ce que vous êtes en train d'apprendre dans ce livre et que j'enseigne dans la Méthode Godefroy.

Mais pas que…

Une Structure Sous-jacente, ce sont des choix que vous faites pour mettre au carré votre intrigue et votre histoire et vos personnages et vos lieux et tout le reste.

Par exemple, vous pourriez décider, noter et vous imposer:

- Les chapitres sont courts pour dynamiser le texte. Ils font entre 3 et 5 pages maximum.

- Pour créer le suspens, chaque chapitre doit se terminer sur un Cliffanger.

- Comme il y a 2 Protagonistes principaux, chacun doit avoir le même nombre de chapitres.

- Aucun des Protagonistes ne peut avoir plus de 2 chapitres qui se suivent. Je suis obligé de couper pour créer de l'attente et hypnotiser le lecteur.

- Comme j'utilise 3 Genres différents, je dois mélanger les codes du genre pour brouiller les frontières. Aucun d'entre eux n'est prédominant.

- Mes phrases seront courtes pour continuer à dynamiser mes chapitres courts, environ 10 mots en moyenne. Des phrases longues faisant un paragraphe entier seront inséré une fois par page pour faire respirer le lecteur et ne pas le lasser du style « mitrailleuse ».

- Aucun paragraphe ne dépassera 4 lignes, ce qui m'oblige à être concis.

- Tous les 500 mots, je dois insérer des relances d'intérêts.

- Etc.

Concrètement, la Structure Sous-jacente est tout ce que vous faire dans la méthode au niveau des Idées et de la Préparation, soit au minimum 50 à 60 % de votre travail. Une fois terminé, vous entrez dans la Structure Littéraire, c'est à dire l'Écriture, avec une Structure solide pour exprimer librement toute votre créativité au sein d'un pré-carré bien établi.

Rassurez-vous ! Tout comme seul un Architecte admirera le travail d'un collègue, seuls d'autres auteurs seront capables d'imaginer concrètement votre Structure Sous-jacente. Pour les lecteurs, tout cela sera invisible, grâce à votre Talent Littéraire.

Le cahier des charges d'écriture

Votre cahier des charges est un moyen complémentaire pour délimiter votre champ d'action créatif. Et donc, par extension, de le démultiplier. Dans un cahier des charges, vous pouvez mettre beaucoup de choses. À vous de voir ce qui est important pour vous. Par exemple :

- Le nombre de chapitres.

- Le nombre de pages moyen par chapitre.

- Si vous avez plusieurs protagonistes ou antagonistes, lesquels disposent de combien de chapitres ?

- Quel point de vue vous adoptez, si vous écrivez à la troisième ou à la première personne, quels temps vous allez employer.

- Le nombre moyen de mots par phrase. Est-ce que c'est dix et des phrases courtes ou l'inverse. Ou le mix des deux.

- Le temps que vous vous accordez pour chaque étape (préparation, écriture, réécriture) avec des dates précises.

Ce cahier des charges, qui tient toujours sur une demi-page en général, va vous préparer pour la suite. Bien sûr, il est modifiable dans la mesure où dans la phase d'écriture vous découvrez que d'autres possibilités plus intéressantes existent. À ce moment-là, vous le mettez à jour.

Exemples d'objectifs

Dans la saga que j'écris actuellement, j'ai par exemple décidé qu'il y aurait cinq volumes, de 600 pages en moyenne, comprenant chacun entre 70 et 80 chapitres de six à dix pages, avec systématiquement à la fin de chaque volume un épilogue qui propulse l'histoire dans une direction inattendue pour pousser l'envie d'en savoir plus. Ainsi, lorsque je prépare le découpage de chaque volume, je sais la « place » dont je dispose pour raconter mon histoire. Je me libère de beaucoup de problèmes grâce à ce cadre qu'est mon cahier des charges.

Les trois grandes structures d'histoire

La structure en trois actes

C'est la structure cinématographique de base. La très grande majorité des films sont construits à partir de cette structure et même s'il y a une nette tendance actuelle à tenter de s'en affranchir, au moins 90 % des films sont basés dessus.

Au tout début du cinéma, on s'est posé la question de savoir comment raconter une histoire. Et les premiers auteurs de l'époque, il y a 130 ans environ maintenant, ont « décalqué » les règles du théâtre pour les transposer au cinématographe. Comme c'est une structure très naturelle, il est tout à fait normal que tant de scénaristes mais aussi d'écrivains la suivent, même sans le savoir. Résumons-la en quelques mots :

ACTE 1 : le héros est dans son monde. On découvre ses habitudes, les gens qui l'entourent, son univers du quotidien. On essaye de rendre ça intéressant.

PIVOT 1 : un événement arrive qui propulse le héros hors de son univers du quotidien, dans une situation nouvelle, avec un enjeu pour s'en sortir et un ennemi à affronter.

ACTE 2 + PIVOT 2 : la plus grosse partie de l'histoire, environ 70 %, avec un pivot dramatique au milieu pour relancer l'intérêt de l'histoire.

PIVOT 3 : le héros arrive à déclencher quelque chose qui l'emmène vers…

ACTE 3 : … la confrontation avec son ennemi. Le héros gagne et retrouve son univers quotidien en ayant changé, car il a appris des choses sur la vie, le monde ou sur lui-même.

Avec le temps, les règles se sont affinées chez les majors californiens, des habitudes ont été prises. Dès le début d'un film, je peux vous dire au bout de dix minutes à quel minutage aura lieu chaque pivot. Ça paraît dingue, mais les producteurs sont accros à ce modèle qui a fait ses preuves depuis plus d'un siècle.

Il est indéniable qu'il fonctionne, mais réussir à le « déjouer » peut être un challenge passionnant pour un auteur.

L'anti-structure

L'anti-structure est la déconstruction complète d'une structure un peu « mathématique ». Propre au cinéma d'art et d'essai, inventée dans les années soixante en France par ce qu'on a nommé la « Nouvelle Vague », elle s'est aussi invitée dans l'écriture de romans. C'est une méthode que, personnellement, je n'aime pas et ne connais pas vraiment (elle ne m'intéresse pas du tout !), je vais donc éviter de m'attarder dessus car je ne peux pas parler d'un OVNI que je ne connais pas.

Mon objectif avec cette méthode est de vous donner la clé d'un roman à succès et, à mon sens, l'anti-structure est un mode d'écriture anti-succès. Si cependant cela vous intéresse, vous trouverez de nombreux articles sur Internet sur le sujet. D'ailleurs, vous aurez plus de chances de gagner un des prix littéraires de septembre si chers aux trois ou quatre éditeurs qui l'ont chaque année qu'en appliquant une structure. Chacun son choix. Moi, j'ai fait le mien... Je préfère un succès populaire car un prix n'a aucune valeur. Encore une fois, vous avez le droit de penser tout à fait autrement, il n'y a pas de jugement, juste un choix de vie professionnel.

La structure héroïque

Bien. Là, on entre dans le gras du sujet, ce qui fait toute la différence entre un auteur qui s'égare dans son écriture jusqu'à arrêter de bosser et celui qui sait exactement où il va sans jamais se perdre dans la forêt dense des idées spontanées.

Il existe plusieurs versions de la structure héroïque, en différents « actes ». J'ai envie de dire : peu importe celle que vous choisissez tant qu'elle vous convient. Je vous propose plus loin une structure en neuf actes universels et dans la Formation Godefroy, j'explore des variantes en plusieurs actes supplémentaires en fournissant des tableaux pour ne jamais se perdre dans son histoire, peu importent le genre, le style ou le nombre de pages. La structure en neuf actes peut convenir à tout le monde sans exception et vous aidera toujours à écrire votre roman jusqu'au bout. Une structure narrative sert à cela. Arriver au bout de la route tout en rendant fascinante votre histoire. Je suis prêt à me faire couper mon bras gauche si cela n'est pas vrai (je veux garder le droit pour écrire...).

Le concept du monomythe

Le monomythe est le fruit d'un long travail de Joseph Campbell qui, dans les années quarante-cinquante, a sorti un livre totalement inaperçu à l'époque : *Le Héros aux mille et un visages*. Ce n'est qu'à la fin des années soixante-dix qu'un script doctor à succès a trouvé dans ce livre une source inépuisable pour des films à grand succès en suivant le principe érigé par Campbell, le monomythe. À savoir que depuis l'Antiquité grecque, toute histoire est construite de la même manière. Il a écrit un rapport de quelques pages qui a circulé partout à Hollywood et BOUM ! Le principe était lancé.

Comme ils sont complètement indigestes à lire (sauf pour des universitaires, à qui ils sont destinés), de plus en plus d'auteurs se sont mis, depuis trente ans, à « traduire » les travaux de Campbell pour le plus grand nombre d'auteurs possible. Bien sûr, j'en fais partie.

Ce que je vais vous présenter maintenant est donc une traduction des travaux de Campbell, dans une version beaucoup plus légère que la sienne (il y a beaucoup moins d'actes, c'est donc plus compréhensible) afin que ce soient les actes qui s'adaptent à votre histoire et non l'inverse. Je ne veux pas que vous composiez votre intrigue en fonction des neuf étapes mais que ce soient ces neuf actes qui viennent le plus naturellement du monde planifier votre histoire pour la rendre passionnante. J'espère que vous avez compris le principe. Allez, go !

La structure héroïque en neuf actes

Grâce à cette structure simplifiée, vous pouvez écrire n'importe quel roman sans jamais vous perdre. C'est une structure naturelle et intuitive que tout lecteur connaît inconsciemment et à laquelle il s'attend. Si vous avez peur de faire « comme les autres », détrompez-vous. Là, on touche à l'essence du monomythe, c'est-à-dire à ce qu'il y a de plus universel pour raconter une bonne histoire dans un ordre logique.

ACTE 1 : LE MONDE DU QUOTIDIEN

Au départ, tout protagoniste commence dans son monde du quotidien. On fait connaissance avec lui, avec ses amis, ses habitudes, ses travers. Cette partie, qu'elle soit courte ou longue, est essentielle. On découvre sa personnalité, la manière dont il réagit aux événements habituels ou inhabituels, son « âme profonde ».

ACTE 2 : L'ÉLÉMENT DÉCLENCHEUR

Arrive une chose tout à fait renversante qui bouscule complètement le monde du quotidien du protagoniste. Il peut en être à l'origine ou cela peut venir de quelqu'un ou de quelque chose d'autre. Embarqué de force dans un univers qu'il ne connaît pas, le protagoniste entre dans le monde de l'aventure.

ACTE 3 : LE DÉPART POUR L'AVENTURE

Votre protagoniste entre dans un univers différent, où les lois ne sont plus les mêmes. Tout est différent, tout le déstabilise, il ne sait pas comment se comporter ni comment agir. Il est complètement perdu. À tout prix, il cherche une sortie, ou à comprendre où il se trouve. Peut-être même qu'il se rebelle, se bat, ou tente de fuir pour rentrer « chez lui ». Mais son « chez lui » n'existe plus… Il n'y a pas de retour en arrière possible.

ACTE 4 : LA RENCONTRE DU MENTOR

Votre protagoniste a une seule chance de s'en sortir : rencontrer un mentor qui lui enseigne les « lois » ou les « règles » de ce nouveau monde. Il va lui expliquer comment survivre avec quelques règles de base. Reste à savoir si ce mentor est de son côté ou non… Il peut aussi y avoir plusieurs mentors.

ACTE 5 : LES ÉPREUVES

Cette partie de votre roman représente entre les deux tiers et les trois quarts de l'histoire. C'est là que vous devez développer toute l'intrigue et il n'y a rien de plus difficile. Vous devez imaginer un nombre de retournements de situation inimaginable, surprendre constamment votre lecteur, changer progressivement le point de vue de votre protagoniste pour qu'il apprenne de ce qu'il subit, qu'il comprenne qui sont ses ennemis, ses amis, sans repères par rapport à l'acte 1, son monde du quotidien. C'est un sport pour un auteur. Il faut toujours trouver de nouveaux rebondissements qui relancent l'action dans une nouvelle direction.

ACTE 6 : L'ENVIE DE RENTRER CHEZ SOI

Cet acte est particulier, différent de tous les autres. Car il se place au milieu de l'acte 5. C'est le moment où votre protagoniste baisse les bras, veut rentrer chez lui, abandonne ce qu'il essaye d'entreprendre. Sauf que c'est impossible de revenir en arrière. S'il veut rentrer chez lui, il doit aller au bout de son épreuve, comme Ulysse. Alors, il reprend de la force, retrouve son courage, découvre des valeurs en lui qui lui étaient inconnues et il repart à l'assaut des « méchants », car il sait que c'est la seule manière de s'en sortir. À la vie à la mort !

ACTE 7 : L'ÉPREUVE SUPRÊME

Et voilà ! Votre protagoniste a trouvé le moyen d'affronter l'antagoniste. C'est un combat à mort et bien sûr votre héros part avec des handicaps, des compétences moindres ou un nombre d'hommes pour affronter l'ennemi beaucoup plus faible. Mais son expérience dans l'acte 5 lui a révélé des valeurs en lui-même qu'il ne connaissait pas et qui vont s'exprimer, presque par surprise, lors de ce combat final sans concession. L'un des deux doit mourir.

ACTE 8 : LA RÉCOMPENSE

Le protagoniste (ou l'antagoniste) triomphe. Ce pour quoi ils se battaient depuis l'acte 2 revient au vainqueur. C'est une scène courte mais puissante.

ACTE 9 : LE RETOUR À LA MAISON

Le protagoniste (ou l'antagoniste) revient chez lui, transformé, en ayant la « récompense » (quelle qu'elle soit). Il a changé et par retour des choses change également son monde du quotidien, qu'il avait quitté depuis bien longtemps.

Tout cela est-il manichéen ? Complètement ! Sauf que vous pouvez dire ce que vous voulez, ça marche à fond auprès des lecteurs. Testez, vous verrez... Et si vous avez du talent et de la créativité, vous saurez sans problème aller bien plus loin que ça !

EXERCICE PRATIQUE N° 4 : STRUCTUREZ VOS NEUF ÉTAPES EN QUELQUES MOTS

Voici trois pages divisées en trois sections. Une section par étape. Maintenant que vous avez bien progressé sur vos idées, sur vos personnages, sur vos lieux, vous allez pouvoir définir en quelques phrases les neuf grandes étapes de la structure narrative que traverse(nt) votre (ou vos) protagoniste(s). Comme toujours, choisissez bien vos mots. Chaque mot a une signification et derrière chaque mot doivent se camoufler des centaines de situations possibles.

Concentrez-vous cependant sur la fin de chaque étape, qui va propulser votre protagoniste vers la suivante. C'est ce qui est le plus important. Tant que vous sentez qu'il y a un côté artificiel à cet « événement », revenez dessus encore et encore. Je vous conseille d'utiliser un critérium et une gomme… car vous allez gommer beaucoup pour obtenir un résultat concret. Bon courage !

Étape 1

Étape 2

Étape 3

Étape 4

Étape 5

Étape 6

Étape 7

Étape 8

Étape 9

Le genre

Le genre est un élément immuable mais quasi impalpable de votre roman que beaucoup d'auteurs oublient de travailler. L'un des meilleurs scénaristes-réalisateurs-dialoguistes-acteurs du monde passe plus de temps, lorsqu'il se lance dans un nouveau film, à décortiquer le genre comme un chien affamé, que tout autre artiste : c'est Quentin Tarantino. Si vous connaissez sa filmographie, vous savez qu'à chaque film ou presque, il change de genre. Mais saviez-vous qu'il passait un an à voir plusieurs films par jour, contemporains et anciens, avant de mettre le premier mot sur son carnet de notes (il l'a dit dans une interview) ? Imaginez ! Un an à voir quatre ou cinq films par jour, cela représente environ 1 500 films minimum. Et une fois qu'il a compris les CODES DU GENRE, qu'il connaît pourtant déjà par cœur, alors il se met au boulot avec pour objectif d'utiliser ces codes mais en les brisant à chaque fois. C'est ce qui fait le génie créatif de ce type.

Au lieu de commencer par les personnages ou l'histoire, la structure ou l'intrigue, la première chose à laquelle il s'attaque est d'obtenir un doctorat dans le genre qu'il veut aborder. Il y a une très grande leçon à tirer de lui, car chacun de ses films est un chef-d'œuvre, sans exception.

Un autre auteur-réalisateur que l'on peut citer comme une ceinture noire 121e dan de son genre, c'est Martin Scorsese, maître du polar cinématographique s'il en est depuis cinquante ans. Non seulement il est né dans Little Italy à New York à l'époque où la mafia sicilienne/calabraise régnait en maître partout, mais il a tellement fait de films sur cet univers qu'il n'a plus besoin aujourd'hui de réfléchir au genre. C'est son monde à lui, un monde qu'il a côtoyé plus que de très près : enfant et adolescent, c'était son quotidien. Saviez-vous par exemple (c'est pour l'anecdote) que certains acteurs qui tournent uniquement dans des polars de très grande qualité (jamais dans un autre genre) tant en France qu'aux États-Unis, faisaient réellement partie de la mafia ? C'est avec des astuces comme ça qu'on transforme une histoire en chef-d'œuvre. Comment être plus vrai que quand un acteur connaît et « pratique au quotidien », si on peut le dire comme ça, ce qu'il y a dans une fiction ? Je vous laisse le loisir de les repérer…

Revenons à vous : disons que demain, vous avez une idée de polar. En connaissez-vous les codes ? Connaissez-vous ce milieu et les règles qui le régissent ? Comment ne pas tomber dans les clichés ? Comment au contraire jouer avec les codes du genre pour faire un truc nouveau sans que les aficionados du polar ne se sentent largués ? Êtes-vous certain que vous allez utiliser les bons codes du genre, car si vous vous gourez, les lecteurs habituels de ce genre vont vous flinguer dans leurs critiques car ils ne vont pas s'y reconnaître ?

Si vous vous lancez dans une histoire d'espionnage, connaissez-vous le nom des différents services secrets de chaque pays ? Savez-vous ce qui les différencie ? Lequel est considéré comme le meilleur au monde (et ce ne sont pas les Américains !) ? Qu'est-ce qu'un O.T. et quel est son principal travail ? Qu'est-ce qu'un analyste et pourquoi ce métier a-t-il radicalement changé après le 11 septembre 2001 ? Qu'est-ce qu'une légende ? Pourquoi chaque service a-t-il ce qu'on nomme un service illégal ? Qu'est-ce qu'une opération sous « faux drapeau » ? Connaissez-vous les journalistes et les romanciers qui chaque semaine font au minimum un déjeuner professionnel et amical avec ces « hommes de l'ombre » qui leur refilent des tuyaux, parfois par opportunisme, parfois gratos, dans les meilleurs restaurants de Paris ? Quelle est la capitale de l'espionnage, là où tout le monde se croise (c'est en Europe) ? Comment et où sont recrutés les soldats du « service action » et en quoi consiste leur boulot ?

Qu'il s'agisse du polar, de l'espionnage ou de tout autre chose, aucun code du genre ne doit avoir de secret pour vous. Vous devez être incollable. Vous devez comprendre et analyser comment ces réalités sont traitées de manière fictionnelle depuis des centaines d'années par les auteurs qui vous ont précédé et qui ont structuré le genre.

Lisez, regardez, écoutez ! Jusqu'à plus soif !

Chaque GENRE a ses codes immuables

Il n'existe pas de genre sans codes. Prenons l'exemple de la romance. Si on fait très simple, voici les codes de base (mais il y en a beaucoup d'autres) :

- Deux protagonistes se rencontrent et un événement fait qu'ils se détestent.

- Ils se retrouvent par hasard. Bien sûr, ils sont attirés l'un par l'autre depuis le début. Mais l'un des deux a le courage de franchir la barrière créée par le premier événement de leur rencontre pour inviter l'autre à dîner, ou un truc dans le genre.

- Ils tombent amoureux et sortent ensemble.

- Un troisième protagoniste apparaît et « vole » le cœur de l'un des deux amoureux.

- Disputes et séparations.

- Les deux protagonistes principaux, chacun dans son coin, sont tristes et malheureux.

- Finalement, l'un des deux se décide à agir et réussit à récupérer son/sa dulciné(e) après une action spectaculaire.

OK. Ça vous parle ? Je l'ai fait à l'instinct, je l'avoue, mais je ne crois pas me tromper. Il y a des variantes, des options supplémentaires, d'autres possibilités, mais une histoire de romance suit toujours ce genre de parcours. Maintenant, si je me mets vraiment à étudier le genre, qu'est-ce que je vais découvrir de plus ? Des millions de choses, intuitives pour le lecteur, mais de véritables techniques pour nous, auteurs. Et si je veux avoir du succès, je vais briser les codes en les respectant au doigt et à l'œil. Tout un art !

Prenons un exemple : *Cinquante nuances de Grey*. Je vous donne mon avis sur ce livre : c'est de la merde ! Pourtant, il s'est vendu à des millions d'exemplaires, essentiellement auprès des femmes. Pourquoi ? Qu'y a-t-il dedans qui fait que ça a fonctionné ? Je dois donc faire abstraction de mon a priori et étudier, en tant qu'auteur, comment les codes ont été utilisés pour créer ce succès. Pourtant, ce n'est pas un genre qui manque de concurrence. Alors ? Moi, je connais la réponse, mais je ne vais pas vous la donner. Je veux que vous la trouviez vous-même. Une piste ? Pourquoi, à la sortie de ce best-seller, s'est-il vendu plus de lecteurs type Kindle qu'avant ou après ? Cette question peut vous sembler étrange, à côté de la plaque, pourtant elle vous donne plusieurs réponses fascinantes à étudier en tant qu'auteur… et au-delà des codes, cela vous fait comprendre l'être humain.

Vos lecteurs connaissent ces codes, instinctivement

Ne vous y trompez pas ! Si vous, de votre côté, en tant qu'auteur, devez comprendre les codes du genre pour jouer avec, vos lecteurs les connaissent par cœur. Ils savent que dans une romance il y a au moins deux protagonistes qui tombent amoureux mais que des « difficultés » vont empêcher cet amour d'éclore. Et ils savent que dans un polar, le mafieux a comme ennemi depuis des lustres un flic, ou un autre mafieux. C'est naturel. Sauf qu'en tant qu'auteur, c'est très très très dur, même si vous êtes un aficionado du genre, de mettre sur le papier ses codes et de jouer avec en les transformant, en les exacerbant, en les poussant dans leurs retranchements jusqu'à dépasser ce qui a déjà été écrit ou réalisé. Gardez toujours en tête que vos lecteurs sont plus intelligents que vous et en savent plus que vous. C'est pour ça que vous devez mettre les bras entiers dans le fumier de votre genre pour en comprendre toutes les subtilités.

SECRET D'AUTEUR No 3 : CRÉEZ VOTRE NICHE LITTÉRAIRE !

La meilleure méthode pour devenir UNIQUE dans l'industrie du livre est celle-ci :

Pour devenir une RÉFÉRENCE LITTÉRAIRE,

créez votre PROPRE GENRE

en mélangeant plusieurs GENRES DIFFÉRENTS

en apparence INCOMPATIBLES.

Ça a toujours fonctionné. Que ce soient les *Harry Potter*, *Le Seigneur des anneaux*, les romans de Stephen King, de Dean R. Koontz ou autres, ils s'approprient un genre aux codes très structurés et les brisent en y ajoutant des « doses » d'autres genres.

Si vous mélangez par exemple le western avec le fantastique dans un monde steampunk, ça donne quoi ? Un truc que personne n'a jamais fait. Si vous créez un monde fantastique dans lequel se déroule un thriller sur fond de polar avec une réflexion sociale, vous créez un nouveau genre.

Pensez GENRES ! Ne vous contentez jamais d'un seul genre.

C'est d'ailleurs comme ça que trois auteurs, dans les années quatre-vingt, ont inventé le genre steampunk, en discutant entre eux, et je ne peux que vous inciter à lire le superbe *Les Voies d'Anubis*, de Tim Powers, considéré comme l'initiateur de ce mouvement littéraire qui prend de plus en plus d'ampleur aujourd'hui.

EXERCICE PRATIQUE Nº 5 : QUELS SONT LES CODES DE VOTRE GENRE ? IDENTIFIEZ VOTRE GENRE. QUI SONT VOS LECTEURS ?

Dans cet exercice, vous ne disposez que d'une seule page pour lister les codes de votre genre. Par exemple, Tarantino passe un an à voir tous les films du genre auquel il s'attaque, pour savoir transcender les codes, avant de prendre la moindre note. Et pour les transcender, il faut les connaître par cœur. Utilisez une ligne pour un code de genre. Pas plus. Si vous avez besoin de les décrire, c'est qu'ils ne sont pas définitivement ancrés dans votre tête.

Les codes du genre

Le style

« Un grand auteur est celui dont on entend et reconnaît la voix dès qu'on ouvre l'un de ses livres. Il a réussi à fondre la parole et l'écriture. »

Michel Tournier

Qu'est-ce que le style ? C'est tout simplement votre talent à construire des phrases qui marquent en utilisant les mots qu'il faut pour exprimer exactement votre idée. Le style, c'est ce qu'il y a à l'intérieur de vous, votre capacité à transmettre une idée, une émotion, un sentiment, une action.

C'est ce qu'on appelle le talent.

Et s'il y a une chose que je ne peux pas et que je ne veux pas changer dans cette méthode, c'est votre style. Il vous appartient. Il est l'expression de votre personnalité et de la manière dont votre point de vue va directement influencer le résultat final de votre roman.

Personne, même les plus grands professionnels de la formation d'auteurs, ne peut changer le style ou le talent d'un de ses étudiants.

Si on le possède naturellement, c'est un bonus génial pour la réussite.

Si on ne le possède pas, on va le pallier par une compréhension très profonde de la mécanique qui forme une histoire.

Et si vous le possédez et qu'en plus vous vous formez pour écrire des histoires à succès, vous allez cartonner rapidement.

Plus vous écrivez, plus vous développez votre talent.

Que faire si vous estimez que vous n'avez pas encore votre style ou que vous pensez que votre talent n'est pas à la hauteur ? Il n'y a qu'une seule solution : écrire le plus possible, tester des genres, explorer de nouveaux univers, sortir de votre zone de confort. Il n'y a rien qui puisse remplacer les erreurs que vous allez faire, suivies d'une réflexion pour améliorer ça. On apprend de ses erreurs, pas de ses réussites. Testez tout. Ne vous interdisez rien. Osez l'impossible. C'est l'unique manière de comprendre comment votre talent va pouvoir s'exprimer. Utilisez la méthode pour vous guider et foncez ! Accordez-vous un peu de temps pour vous améliorer et ne lâchez rien. Un guitariste se casse les doigts plusieurs fois pendant plusieurs années avant de monter sur scène pour jouer avec une star mondiale. N'oubliez jamais cette image, elle est totalement vraie pour les romanciers. C'est exactement la même chose.

Une petite astuce pour progresser plus vite…

Il y a une astuce qui booste très vite notre talent, notre style. Choisissez dix ou vingt romans, les plus chers à votre cœur, ceux qui vous semblent les plus importants. Installez-vous devant un cahier (pas un ordinateur, ça fonctionne beaucoup mieux quand c'est fait à la main car ça nous laisse le temps de penser). Prenez un premier roman, ouvrez une page au hasard… et recopiez-la entièrement, calmement, sans vous presser. Réfléchissez au choix des mots qu'a utilisés l'auteur, à la construction de ses paragraphes, aux endroits où il place des virgules, des points, des points-virgules et autres ponctuations. C'est extrêmement formateur. Une fois que vous avez terminé et que vous avez bien en tête les éléments de la page, réécrivez-la à votre sauce sans regarder la page en question et… comparez.

Bien sûr, au début, on se trouve nul, ou on se dit qu'on a plagié, ou qu'on n'arrivera jamais à cette qualité d'écriture. Détrompez-vous et gardez espoir. Passez au deuxième roman et ainsi de suite. Petit à petit, sans vous en rendre compte, vous allez créer votre propre talent. Faites-le aussi longtemps que vous l'estimez nécessaire jusqu'à ce que vous pensiez avoir acquis un style. Une fois acquis, vous allez pouvoir l'améliorer encore et encore en écrivant vos propres romans.

L'histoire

Généralement, lorsqu'on demande à cinq personnes de décrire ce qu'est une histoire, on a cinq versions différentes. Donc, commençons par le début en consultant l'outil nº 1 de l'auteur, son dico. Définition officielle selon *Le Petit Larousse*, 100e édition (c'est celle que j'ai à portée de main). L'explication étant longue, je vous mets le principal :

« Relations d'événements, réels ou fictifs »

(définition nº 4)

Bon, c'est pas mal. On comprend qu'il y a des événements, qu'ils soient vrais ou non, qui sont mis en relation. Dans les faits, c'est ça.

Maintenant, je vous propose ma propre définition, ce qui va nous amener à la suite de ce chapitre essentiel :

« Une histoire est une suite de séquences clés impactant directement le protagoniste afin qu'il puisse accomplir l'intrigue que le romancier a créée. »

Je vous l'accorde, c'est un peu plus long, mais il y a des mots essentiels à retenir. Déjà, on fait une différence entre l'histoire et l'intrigue. L'intrigue est ce qui est sous-jacent et l'histoire présente les éléments vitaux de cette intrigue aux lecteurs, dans un ordre bien précis et soigneusement choisi par l'auteur. L'intrigue, c'est le *high concept* et la structure héroïque bien cachés sous le manteau de l'histoire, c'est-à-dire l'apparence que prend l'intrigue pour le lecteur. On reconnaît un grand auteur au choix des scènes qui, mises bout à bout, forment une histoire cohérente qui donne forme à l'intrigue.

En d'autres termes, faire une histoire, c'est choisir les meilleurs morceaux de l'intrigue pour les raconter avec des mots.

Les événements qui transforment votre protagoniste

Alors, quelles sont ces scènes que nous devons prélever dans toute la vie de notre protagoniste ? Pourquoi retient-on telle scène de sa vie et pas une autre ? Tout simplement parce que ce sont des scènes clés qui le transforment. Elles font de lui un personnage qui évolue, qui comprend, qui se construit, qui détruit, qui aime, qui hait. Dans toute sa vie, il vit des tas de choses. Mais ce qui compte, ce sont les scènes liées à l'intrigue. Les autres n'ont pas d'intérêt. Consacrez toutes vos forces à isoler ces scènes qui font à la fois partie de la vie de votre protagoniste et de l'intrigue. Reliez les deux. Sélectionnez les meilleures, celles qui vont laisser une impression durable à vos lecteurs. Nous n'avons pas besoin en tant que lecteur de savoir qu'il va aux chiottes ou qu'il mange un cheese… sauf si c'est essentiel à l'histoire.

Écrire deux fois plus d'événements que nécessaire

Si vous voulez réussir votre roman, vous devez écrire deux fois plus de choses que ce qu'il y aura dans le livre édité. Pourquoi ? Parce qu'une fois votre premier jet pondu, vous allez couper, couper et encore couper jusqu'à atteindre une histoire qui colle à l'intrigue et qui soit tendue le plus possible. Parce que, quel que soit le genre, c'est aujourd'hui ce qu'attend un lecteur.

Tous ces chapitres ou paragraphes que vous allez écrire puis enlever sont des outils créatifs pour vous. Ils vous permettent de construire une identité à votre univers, à vos personnages, à vos lieux, mais ils ne sont pas indispensables à vos lecteurs. C'est la raison du découpage : vous prenez vos ciseaux et vous tranchez dans le gras pour ne garder que le meilleur, que ce qui est vital pour votre histoire. Gardez en tête que le reste est une sorte de préparation à écrire le meilleur. Grâce à ces chapitres inutiles, ou disons secondaires, vous allez réussir à écrire des chapitres essentiels. Ils sont nécessaires pour vous, mais ils ne sont pas nécessaires pour vos lecteurs.

Cherchez toujours sept variantes à chaque idée

> *« Produire beaucoup, ne publier que le meilleur. »*
>
> *Jules Renard*

Pour chaque idée que vous avez « naturellement », vous devez imaginer sept variantes. Pourquoi ? Parce que cela va vous aider à trouver des pistes jamais exploitées et à trouver des idées vraiment originales. Si vous vous arrêtez à la première, vous ne faites que la moitié de votre travail. Car c'est dans les sept idées que vous allez imaginer à chaque fois que vous allez trouver une petite perle qui n'est pas un truc déjà exploité 10 000 fois. Vous vous souvenez des idées instinctives, des idées neuves et des HC ? En cours de préparation ou d'écriture, c'est pareil : partez du principe que votre première idée est une idée instinctive. En cherchant sept variantes, vous fouillez votre concept pour en extraire votre HC. Pas pour toute l'idée de votre roman, mais pour une scène seulement. Et si chaque scène est l'équivalent d'un HC, imaginez un peu le résultat à la fin.

Qu'est-ce qu'un pivot dramatique ?

Il n'y a ni roman, ni film, ni série sans des tas de pivots dramatiques. Ils sont le cœur de votre histoire, de votre intrigue, de vos personnages, de vos lieux. Un pivot dramatique est plus que vital pour votre roman. Sans pivot dramatique, c'est comme si vous bossiez sur un cadavre déjà bien froid. Le pivot dramatique structure votre histoire pour la propulser dans une direction que personne n'aurait imaginée. S'il y a une chose qu'un auteur doit travailler très dur, ce sont ses pivots dramatiques. Grâce à eux, n'importe quelle intrigue peut devenir fascinante, obsédante. Le vrai travail d'un romancier, au-delà d'avoir des idées tout le temps, c'est d'imaginer encore et encore des pivots dramatiques qui scotchent le lecteur au livre et lui implantent l'histoire dans le cerveau pour des décennies.

Imaginez un pivot par étape !

À chaque étape, un pivot ! Cela vous assure deux choses :

- d'écrire une bonne histoire ;
- de surprendre constamment vos lecteurs.

Et le pur plaisir de l'auteur est d'insérer dans les différents actes d'autres pivots dramatiques.

La règle d'or du pivot dramatique ?

Le pivot dramatique est l'action sous stress qu'exécute le protagoniste pour faire avancer l'histoire dans un sens positif ou négatif. C'est ce qui permet de propulser l'histoire dans une nouvelle voie qui surprend le lecteur et l'oblige à suivre les pérégrinations de votre protagoniste pour savoir quel est le fin mot de l'intrigue.

À chaque fin d'acte, vous devez imaginer un pivot dramatique. Sinon, vous ne pouvez pas passer à l'acte suivant. C'est une règle d'or !

Étudiez les sciences humaines

Si vous aimez les sciences humaines, au sens large, comme la psychologie, l'ethnologie, l'histoire antique, les langues anciennes, et tout le reste, continuez à les étudier en ayant toujours en tête que vous êtes un AUTEUR. Vous devez connaître l'être humain mieux que n'importe qui. Si vous avez la capacité de créer un univers entier avec deux cents personnages qui ont tous leurs motivations, leurs peurs, leurs doutes, alors vous avez gagné à la loterie.

Étudiez encore et encore et encore tous ces trucs un peu barbares mais qui sont le sel de l'auteur. Je vous donne un exemple : le 31 décembre, j'entre chez mon buraliste pour m'acheter les cigarettes qui vont me tuer lorsque je vois un magazine hors-série de *Ouest-France* intitulé *Incroyables découvertes Archéologiques dans l'Ouest*. Ben voilà ! Je l'ai acheté. Et à l'intérieur, sur deux pages, il y avait un reportage sur un site que je compte utiliser dans ma saga de cinq tomes. Bingo ! Restez toujours curieux de tout, observez, parlez.

SECRET D'AUTEUR N° 4 : RETENEZ TOUJOURS LA PIRE IDÉE POUR VOTRE PROTAGONISTE

Ce que je vais vous dire est… Comment dire ? Si vous ne l'appliquez pas, votre roman sera sans saveur comme un kouign amann qu'aurait essayé de faire un pâtissier parisien.

Quand vous préparez votre intrigue, votre histoire et tout le reste, il n'y a qu'une seule règle à retenir :

CE QUI DOIT ARRIVER DE PIRE À VOTRE PROTAGONISTE DOIT LUI ARRIVER.

Où il se trouve, ce qu'il fait, avec qui il est, tout cela n'a aucune importance. Dans tous les cas, il doit en chier, en baver, suer, transpirer, crier. Dans les sept situations que vous avez imaginées, il y en a une qui est la pire de toutes : c'est celle-là qui doit s'appliquer.

Pour l'instant, vous ne vous préoccupez pas du tout de savoir comment il va s'en sortir. Ça, c'est l'étape suivante. Pour l'instant, et à chaque situation, vous vous débrouillez pour que votre héros plonge dans une merde noire dont personne ne pourra jamais imaginer comment il s'en sortira. C'est ça qui fera la force de votre roman.

Si tout est facile, rien ne fonctionne. Ce n'est ni intéressant, ni enrichissant intellectuellement ou émotionnellement pour votre lecteur… et pour vous.

Imaginez toujours le pire.

Ne cherchez pas de solutions.

Plongez votre protagoniste dans des situations impossibles.

Faites-le VIVRE !

Et trouvez la solution, à l'étape suivante, en utilisant votre arme ultime : votre créativité.

EXERCICE PRATIQUE Nº 6 : LÂCHEZ-VOUS ! JETEZ SUR LE PAPIER TOUS VOS PIVOTS DRAMATIQUES

On y est presque. Vous disposez de trois pages disposées en neuf sections pour marquer les pivots dramatiques qui vont faire de votre histoire un roman addictif. Car on voudra savoir la suite, quoi qu'il arrive. Vous avez compris le principe, je vous laisse à vos crayons…

PIVOT 1

PIVOT 2

PIVOT 3

PIVOT 4

PIVOT 5

PIVOT 6

PIVOT 7

PIVOT 8

PIVOT 9

EXERCICE PRATIQUE N° 7 : ÉCRIVEZ UN SYNOPSIS D'AUTEUR DE DEUX PAGES

Bien. Nous voilà aux choses sérieuses. Vous venez de bosser très dur. Vous disposez maintenant de toutes les mitrailleuses pour pulvériser le public de votre histoire. Vous avez cravaché dur pour ça, mais vous y êtes. Et maintenant, vous allez faire une chose très difficile pour un artiste, c'est expliquer son projet.

Vous disposez de deux pages pour raconter votre histoire, de manière littéraire cette fois, avec le ton que vous voulez. Mais attention : après l'écriture, ces deux pages vous serviront de page de vente. C'est à partir de ces deux pages que vous vendrez votre projet. Donc, reprenez bien tout ce qui a été fait dans les exercices précédents. Je vous jure que c'est important.

Synopsis

LA MÉTHODE IPER-V EN DÉTAIL – 2

L'ÉCRITURE (25 %)

> *« Tout écrivain, pour écrire nettement, doit se mettre à la place de ses lecteurs. »*
>
> *Jean de La Bruyère*

Et voilà ! Vous y êtes enfin. Après avoir préparé autant votre roman, vous n'en pouvez plus d'attendre d'en écrire la première ligne. Ça vous démange de partout. Vous avez tout en tête, vos protagonistes et antagonistes hurlent d'envie d'exister, vos pivots dramatiques sont bien calés, toute votre structure héroïque est en ordre… alors place à l'ACTION !

Le premier jet. Aucun auteur n'écrit un bon roman au premier jet (sauf exception) !

Écrivez, écrivez et écrivez ! Lâchez tout, faites des virages à 180° par rapport à ce que vous aviez prévu (le HC est là pour que vous ne vous perdiez pas), imaginez de nouvelles choses, introduisez de nouveaux personnages principaux ou secondaires. C'est l'heure où vous faites enfin votre métier. Libérez tout ce que vous reteniez depuis des semaines, des mois, peut-être même des années.

C'est l'étape où vous faites ENFIN votre métier. Tout ce que vous avez préparé avant était destiné à cela : écrire.

Sauf que c'est de la merde ! Soyez conscient que votre premier jet va redemander énormement de boulot. Aucun auteur ne sait pondre un best-seller d'un coup. C'est le fruit d'un important travail de réécriture.

Abandonnez-vous à votre histoire

> *« L'auteur doit céder la parole à son œuvre. »*
>
> *Friedrich Nietzsche*

Avant de parler de la réécriture, défoncez-vous sur l'écriture. Laissez libre cours à toute votre imagination et courez dans les prés de la liberté. Soyez aussi libre que possible. Explorez des trucs que vous n'auriez jamais imaginés. Lancez-vous dans des styles qui ne sont pas les vôtres. Explorez, explorez, explorez !

S'il y a une étape de l'IPER-V dans laquelle vous pouvez vous lâcher, c'est celle-là.

Ne pensez plus, ne réfléchissez plus et abandonnez-vous à votre histoire. Vous êtes la personne la plus libre de cette planète lorsque vous imaginez de nouveaux mondes, de nouveaux personnages, de nouvelles situations.

Laissez parler vos personnages

Un moment arrive, très spécial. Ce sont vos personnages qui parlent à votre place, qui prennent le contrôle de votre clavier. Vous devenez tellement obsédé par eux qu'ils remplacent votre cervelle et implantent dans l'histoire leur propre point de vue. Et là, vous ne pouvez plus rien faire en tant qu'auteur : il faut accepter que vos personnages existent vraiment. C'est le sentiment le plus étrange qu'on puisse ressentir. Il est viral, mais c'est un virus qu'on ne peut éteindre par des médicaments. Nos personnages prennent possession de nos doigts pour dire ce qu'ils ont à exprimer.

Le cadre est un support de création

L'avantage de disposer d'un cadre créatif, le *high concept*, c'est justement qu'il vous permet d'être libre pendant l'écriture. Vous pouvez vous lancer dans tous les essais possibles sans jamais vous perdre dans votre histoire, car vous avez tout préparé à l'avance. D'où l'importance d'apporter un soin extrême à son *high concept*. Beaucoup pensent qu'il réduit la créativité alors que c'est exactement l'inverse : ça la décuple. Une fois qu'on l'a testé et que l'on comprend à quel point il nous pousse, en tant qu'auteur, à nous décarcasser pour trouver des solutions « à l'intérieur du cadre », on ne peut plus s'en passer.

Ce n'est pas pour rien que les écrivains qui ont le plus de succès en France ou dans le monde passent par la case « préparation » et peaufinent leur diamant brut jusqu'à ce que chaque facette soit parfaite. Tous savent exactement ce qui va se passer du début à la fin, mais s'ils partent en écrivant dans une autre direction, ils ne sont pas inquiets car ils connaissent le chemin à retrouver pour arriver à la fin. Le cadre est votre outil majeur pour libérer votre créativité. Gardez ça toujours en tête jusqu'à ce que vous viviez...

... Le lâcher-prise !

Le lâcher-prise littéraire est quelque chose de très particulier et j'espère que vous aurez l'occasion de le vivre. C'est l'instant où vous ne réfléchissez plus, vous n'analysez plus, votre cerveau est en mode « off » et ce sont vos doigts qui écrivent à votre place. Vous commencez une phrase sans savoir de quoi vous allez parler ni comment elle va se terminer et pourtant elle est écrite en quelques secondes. Idem pour la suivante et encore la suivante et ainsi de suite. Des paragraphes entiers peuvent être écrits à la chaîne de cette façon sans que vous pensiez à manger, à regarder l'heure ou à faire quoi que ce soit d'autre. C'est fabuleux !

Généralement, ce sont les meilleurs chapitres, ceux qui demandent le moins de réécriture. En réalité, vous venez d'être littéralement possédé par votre histoire et elle se construit sans vous, toute seule comme une grande. C'est réellement magique. Il m'est arrivé d'écrire plusieurs jours comme ça sans savoir s'il faisait jour ou nuit, sans faire aucune pause. Il n'y a qu'une manière d'arriver à vivre cette « transe » et le mot n'est pas trop faible : c'est d'écrire le plus d'heures possible par jour.

Et d'un coup, boum ! Ce n'est plus vous l'auteur, mais votre histoire. Vous n'êtes plus qu'un outil entre ses mains.

Selon moi, c'est dans ces moments sans temps et sans espace que l'on est vraiment un écrivain, un auteur dans son sens le plus fort.

Ne vous jugez JAMAIS ! Ne revenez pas en arrière !

La première et la plus grosse des erreurs des « jeunes » auteurs, c'est de commencer par se relire avant d'écrire. En se relisant, ils changent plein de choses qui ne collent pas (ce qui est normal) ou changent des tournures de phrase, améliorent des détails, etc. Bref, au lieu d'écrire, ils jugent ce qu'ils ont déjà écrit au lieu d'écrire de nouvelles pages. Et c'est comme ça qu'un roman s'arrête en plein milieu. Ne croyez pas que c'est rare : je discute sans arrêt avec des auteurs débutants et plus de 95 % procèdent ainsi.

Quand vous vous mettez devant votre table de travail, ouvrez votre fichier là où vous vous êtes arrêté la veille et reprenez immédiatement la suite. Éventuellement, relisez les dernières lignes écrites mais pas plus. Vous vous trouvez à l'étape où vous devez produire du contenu. Alors, produisez ! Viendra le moment de la réécriture, mais ce n'est pas maintenant.

NE JUGEZ JAMAIS CE QUE VOUS AVEZ DÉJÀ ÉCRIT

avant la phase de réécriture ET ne corrigez rien.

Aucun roman n'est parfait au premier jet. Il y a des erreurs partout. C'est normal. Ne vous en préoccupez pas pour le moment. Écrivez le plus possible, c'est tout ! Autant avant vous étiez dans une course de fond, autant maintenant vous êtes dans un sprint.

Devenez un Tarantino…

Désormais, vous connaissez les codes de votre genre. Vous allez jouer avec durant toute la période d'écriture. Ils forment une sous-couche de lecture que vos lecteurs décryptent immédiatement.

Le seul conseil que je peux vous donner, c'est de devenir un Tarantino des codes du genre. Constamment, il les change pour surprendre encore et encore ses spectateurs. Pourtant, tous les codes sont bien présents mais il les connaît tellement par cœur que sa créativité innée lui permet de les transcender pour en inventer de nouveaux sans jamais s'écarter du genre qu'il a choisi. C'est du grand art et vous devez vous inspirer de son travail pour vous poser la question, à chaque fois : « Comment est-ce que je pourrais faire pour ne pas être banal avec ce code ? Qu'est-ce que je peux inventer à partir de ce code qui sera nouveau pour mes lecteurs ? ». Plus vous vous poserez cette question, plus le sous-texte deviendra fort et votre histoire hypnotique. Devenez un Tarantino du genre !

Écrivez le plus vite possible votre premier jet ! C'est vital !

Plus vous écrivez le plus rapidement possible votre premier jet, plus vous avez de chances d'obtenir une chouette base de roman. Plus vous prenez votre temps, plus vous avez de chances de vous égarer sans comprendre pourquoi. Le premier jet, c'est la matière première que vous allez ensuite façonner et travailler pour en faire un véritable manuscrit qui a toutes ses chances auprès d'un éditeur.

Sans cette matière première, vous ne pourrez jamais réussir. Elle est aussi vitale que l'air que vous respirez. Sans oxygène, vous êtes mort. Sans ce premier jet, vous êtes mort en tant que futur auteur à succès.

Quand vous mettez le mot « FIN » à un premier jet, vous êtes dans un état d'extase. Car, quel que soit le temps que vous prendrez après pour la réécriture, vous l'avez entre les mains, votre roman sur lequel vous avez tant travaillé.

Alors, écrivez le plus vite possible, ne réfléchissez pas trop (toute votre préparation est déjà incrustée dans votre tête), ne revenez pas en arrière, ne vous jugez pas, écrivez encore et encore chaque jour, sans pause, le plus de pages possible.

LES RÉÉCRITURES (20 %)

Ah ! Les réécritures… Je déteste ça (je ne suis pas le seul), mais il faut passer par cette étape pour faire de votre matière première un petit chef-d'œuvre. Ce n'est ni simple, ni agréable, à tel point qu'à un moment vous allez détester votre texte. C'est bon signe. C'est que vous avez bien bossé. Parfois, il me faut un an ou deux avant de relire un livre édité que j'ai écrit tant je ne peux plus le voir en photo. Mais j'ai réussi mon pari : il est édité. Alors cette étape doit être franchie, c'est comme traverser une rivière en crue pour atteindre la rive de l'autre côté, au péril de sa vie (ou de sa santé mentale, dans notre cas !).

La réécriture ne signifie pas que vous réécrivez entièrement votre roman. La réécriture, c'est l'affinage de votre texte comme on le fait pour un bon fromage ou un bon vin. Au début, ça ne ressemble pas à grand-chose mais progressivement, on affine son texte dans les bonnes conditions pour qu'il atteigne sa maturité littéraire.

Prenez l'habitude de numéroter vos versions

Vous allez créer plusieurs versions de votre manuscrit initial. Pour être certain de savoir toujours quelle version est la dernière, prenez l'habitude de les numéroter. Par exemple V1 (le manuscrit initial), puis V2, V3, V4, etc. Et vous pouvez terminer par le nom de votre roman suivi de « Version finale ». Cela vous permet de ne jamais vous perdre tout en suivant la progression de votre travail. Il peut être également intéressant, dans certains cas, de revenir à une version antérieure et d'en faire une réécriture différente.

Chaque réécriture est indépendante des autres

Vous allez faire plusieurs réécritures successives. Pourquoi ? Parce qu'à chaque fois, vous allez vous intéresser à UNE SEULE facette de votre manuscrit. Comme vous allez le lire dans très peu de temps, il y a trois réécritures minimum. Mais dans les faits, on en réalise parfois plus. Ce que vous devez garder en tête, c'est qu'on ne corrige pas un manuscrit en s'intéressant à l'intégralité des erreurs, on les prend une par une, sujet par sujet. Sinon, on ne voit pas les fautes (au sens large) qu'on a faites dans le premier jet. Son esprit veut s'occuper de tout en même temps et on passe à côté de plein de choses. D'où l'importance de diviser le travail de réécriture.

Imposez-vous un timing, une deadline.

De la même manière que vous vous étiez donné un objectif de temps pour écrire votre roman, vous allez faire de même pour chaque réécriture. Sinon, vous risquez de vous attarder sur des détails inutiles et retarder énormément la fin de votre travail. L'idéal est de corriger entre vingt et quarante pages minimum par jour et de s'accorder entre une et deux semaines entre chaque réécriture. Cette pause, pendant laquelle vous devez penser à tout sauf à votre livre (profitez-en pour lire des romans ou regarder des films ou des séries, c'est bénéfique pour la réécriture), va vous permettre de vous « déconnecter » pour lire à nouveau votre manuscrit avec un œil neuf. Car plus vous connaissez votre texte par cœur, moins vous en voyez les erreurs.

Trois réécritures MINIMUM

Il y a trois réécritures OBLIGATOIRES à faire. Plus celles que vous estimez nécessaires. Donc, vous aurez au minimum une V4, probablement plus. Essayez de ne pas dépasser six réécritures, car cela indiquerait que vous êtes entré dans la « phase du perfectionnisme ». C'est un très mauvais signe. Vous ne pouvez plus vous arrêter d'améliorer votre texte, avec l'obsession d'atteindre la perfection. Sauf que la perfection n'existe pas. C'est donc une quête sans fin et vous seriez alors tombé dans un trou dont vous ne sortiriez jamais.

Essayez de faire les réécritures dans l'ordre indiqué. C'est un processus logique.

1 - Pour l'histoire

Première réécriture. Vous allez vous concentrer sur la COHÉRENCE de votre histoire et de votre intrigue. Est-ce que tous les éléments de votre intrigue sont à la bonne place ? Les dialogues sont-ils crédibles et apportent-ils les informations nécessaires ? Est-ce que chaque personnage a une fonction et des objectifs bien identifiés ? Est-ce que l'ordre des révélations est logique ? Etc.

2 - Pour les détails

Une fois l'histoire entièrement posée, analysez tous les petits détails, même les plus infimes. Ça peut être dans les descriptions comme dans les dialogues. On dit que le diable se cache dans les détails. Dans le cas d'un roman, c'est cent fois vrai. Un roman où chaque détail a été bossé dur dégage une puissance narrative beaucoup plus grande. Tout est logique, tout est à sa place...

3 - Pour le français

Enfin, une fois tout calé, il ne vous reste plus qu'à corriger toutes les fautes. Si vous êtes mauvais en orthographe ou en grammaire, faites appel à une correctrice. C'est également le moment où vous repérez les répétitions, les mots mal choisis, des phrases trop longues ou trop courtes. Dynamisez votre texte en retravaillant vos phrases, votre ponctuation, raccourcissez les mots trop longs.

Voici une vidéo qui devrait vous faire comprendre comment on dynamise un texte :

http://ecrireunroman.fr/dynamiser-un-texte/

LA VENTE (5 %)

Votre « manuscrit final » est prêt. Vous avez terminé. ENFIN ! Vous venez de passer des mois à travailler comme un malade. Et votre « produit » est prêt. Il ne vous reste plus qu'à le vendre.

Deux choix s'offrent à vous :

- vous autoéditer à travers des plateformes comme Amazon ou Kobo

ou

- choisir l'édition traditionnelle et vous faire éditer par un éditeur ayant pignon sur rue.

Je n'ai jamais caché que ma préférence va très nettement à l'édition traditionnelle. Voici pourquoi...

Édition traditionnelle

C'est vrai, l'édition traditionnelle, c'est long, très long. Il faut d'abord attendre le retour du comité de lecture (plusieurs mois en général, voire jusqu'à un an pour certains gros éditeurs) et ensuite attendre sa publication, le plus souvent au moins un an plus tard.

Donc, il y a une moyenne de deux ans entre l'envoi du manuscrit et sa distribution dans les librairies. Et un an de plus pour toucher ses droits d'auteur.

Beaucoup d'auteurs n'ont pas la patience d'attendre, c'est pour cette raison qu'ils se tournent vers l'autoédition, à tort ou à raison, je ne sais pas. Cependant, en tant que fervent partisan de l'édition traditionnelle, je vais me permettre de vous citer quelques avantages qu'un auteur peut avoir à être édité à « compte d'éditeur ».

1. Une fois le contrat signé, vous n'avez plus rien à faire ou presque.

2. Votre roman va être envoyé à des producteurs et à toutes sortes de gens (comme le livre de poche) et si vous vendez des droits dérivés, c'est un peu le jackpot de l'auteur. En autoédition, faire cela est presque impossible.

3. Un service marketing s'occupe de vous.

4. Vous avez des retours critiques dans la presse, et ça, ça vaut de l'or. À chaque article, les ventes bondissent.

5. Vous participez pendant des mois et des mois à tous les salons littéraires, tous frais payés (impossible en autoédition).

6. Vous faites des signatures dans les librairies un peu partout en France. Vous développez très très vite votre réseau d'auteurs, de libraires et même d'éditeurs concurrents.

7. Vous participez à des dîners littéraires un peu « pouët-pouët » et très parisiens mais ô combien instructifs et enrichissants pour votre réseau.

8. Vous touchez un « à-valoir », une avance sur vos futurs droits d'auteur, variable en fonction de la taille de l'éditeur avec lequel vous signez.

9. Votre éditeur fait tout pour que votre roman soit traduit dans d'autres langues… sans que ça ne vous coûte rien (au contraire, vous gagnez des droits d'auteur dérivés).

Un éditeur, un format

Chaque éditeur demande généralement le manuscrit sous un format précis (police, espacement entre les lignes, marges de droite et de gauche, etc.). Vous devez donc consulter son site et adapter votre manuscrit à la demande de chaque éditeur que vous visez. Notez bien vos différentes versions dans un dossier avec le nom de l'éditeur, pour vous y retrouver.

Les gros éditeurs demandent encore des versions papier et reliées mais les éditeurs plus récents acceptent généralement une version numérique, ce qui est plus économique, il faut bien le dire.

En tout cas, respectez le format demandé par votre futur éditeur. C'est pro et vous vous distinguerez déjà de beaucoup d'autres auteurs plus amateurs.

Négocier son contrat d'édition

Une fois votre livre accepté par le comité de lecture, vous passez à une étape essentielle : la signature de votre contrat. Contrairement à la majorité des auteurs qui sont tellement contents à s'en exploser le crâne au plafond à force de sauter de joie, vous allez être un professionnel. Vous allez lire votre contrat de A à Z, plusieurs fois, et le négocier.

Gardez en tête qu'en général, un éditeur va tout faire pour tirer la couverture à lui. Mais c'est votre DROIT et votre DEVOIR de négocier chaque point. Si vous voulez vous blinder, aidez-vous d'un avocat spécialisé en droit d'auteur. Ou si vous avez de la chance (il y en a tellement peu en France, une vingtaine à tout casser), soyez accompagné pour votre carrière par un agent littéraire.

Qu'est-ce que vous pouvez négocier ? Absolument tout. Certains auteurs négocient de garder leurs droits numériques car ils savent comment utiliser Internet bien mieux que certains éditeurs. Vous pouvez aussi gagner un ou deux pour cent de droits d'auteur supplémentaires avec de bons arguments.

Vous pouvez surtout et vous DEVEZ négocier tous les droits dérivés : cinéma, traduction, livre de poche, etc. Ce sont les droits dérivés qui vous rapporteront vraiment de l'argent, pas les droits d'auteur (à moins de faire le best-seller de l'année). Personnellement, dès que je commence un projet littéraire, la première chose à laquelle je pense, ce sont les droits dérivés, car c'est ça qui permet de vivre de ce qu'on écrit. Gardez cela bien ancré en vous et battez-vous pour gagner 10 ou 20 % supplémentaires par-ci par-là. C'est ce qui peut changer votre vie. Négociez aussi le nombre de romans avec droit de préemption. Ça peut vous assurer quelques années avec la certitude d'être édité, ce qui est quand même vachement agréable et confortable.

Autoédition

Le principe de l'autoédition est simple : vous devenez l'éditeur de votre roman. Cette solution, comme la précédente, a ses avantages et ses inconvénients. L'éditeur de ce livre a été pendant des années un fervent défenseur de l'autoédition. Aujourd'hui, il prône l'approche « mixte », c'est-à-dire d'avoir certains romans autoédités et certains romans édités par des éditeurs traditionnels. Donc, d'avoir une vue panoramique, ou « stratégique », de sa carrière.

Parler des différences fondamentales ou lister les différences entre les deux serait vraiment long. Je vous propose d'écouter une ou deux vidéos faites par Cyril Godefroy sur le sujet. Ce sera beaucoup plus parlant et vous choisirez en connaissance de cause dans quelle voie vous voulez vous lancer avec votre premier roman.

https://cours.cpositif.com/p/comment-publier-un-livre

Ce qu'il ne faut jamais faire : l'édition à compte d'auteur !

Dernier conseil, le plus important : ne signez JAMAIS un contrat à compte d'auteur ! Le principe est simple : c'est vous qui payez un éditeur pour qu'il fabrique votre livre. Sauf qu'il ne sera jamais dans les librairies, jamais un journaliste ne parlera de vous et vous aurez jeté votre argent par les fenêtres pour un résultat inutile et insultant pour vous en tant qu'auteur. Ne signez jamais un contrat comme ça. Et faites attention aux éditeurs qui se font passer pour des éditeurs sérieux mais qui ne sont en réalité que des éditeurs à compte d'auteur. Renseignez-vous, allez voir les avis sur Internet, comparez, posez des questions.

LA BIBLIOGRAPHIE DÉCRYPTÉE

Pour compléter cette formation, je vais vous conseiller plusieurs livres à lire. Mais lisez-les dans l'ordre que je vais vous donner, car ils sont de plus en plus complexes. Comme désormais vous disposez d'une base méthodologique pour écrire votre roman, votre expertise va progresser très vite avec ces trois livres complémentaires de la méthode. Cependant, comprenez que ces livres sont principalement écrits pour des scénaristes, mais ils peuvent et doivent être étudiés par les romanciers, car ils contiennent tout le matériel pour écrire de bonnes histoires, quel que soit le format.

Story, de Robert McKee, chez DIXIT

Un indispensable. Il résume tout ou presque avec toutes les techniques de base pour écrire professionnellement. Robert donne des conférences partout dans le monde et si un jour vous avez l'occasion de participer à l'une d'entre elles, sautez sur l'occasion.

Le Guide du scénariste, de Christopher Vogler, chez DIXIT

L'intérêt de ce livre est de décortiquer les archétypes à partir du monomythe. Il entre à fond dedans et explore toutes les possibilités. C'est un complément indispensable à la méthode et c'est lui, Vogler, qui a ressorti de l'oubli le livre mythique de Joseph Campbell au début des années quatre-vingt. Si je ne suis pas d'accord avec lui sur tout ce qu'il dit, son travail reste une référence qu'il faut connaître.

L'Anatomie du scénario, de John Truby, chez Nouveau Monde Éditions

Ici, on entre dans le dur. Certes, Truby exploite des techniques très poussées pour aller aussi loin que possible dans son histoire. Le problème est que c'est presque impossible à mettre en place sans une méthodologie solide. En l'associant à votre sauce à la Méthode Godefroy, vous devriez trouver des débouchés créatifs qui vous surprendront.

Prenez des notes, tentez de lier certaines techniques à celles que vous avez apprises ici et écrivez, écrivez, écrivez !

Il y a beaucoup d'autres livres, mais les citer tous ne servirait à rien. Retenez ces trois-là, étudiez-les avec beaucoup de concentration et fabriquez votre propre méthode, celle qui fonctionnera pour vous. Une fois que vous maîtriserez la Méthode Godefroy, lancez-vous dans ces lectures.

LES ŒUVRES DES ÉTUDIANTS DE LA MÉTHODE V1

Voici un aperçu des œuvres produites par les étudiants de la Méthode Godefroy :

Arabelle Sibelle-Ardent

Cet Amour-là – Tome 1 : *La Chrysalide et le Papillon*
https://www.amazon.fr/dp/B015RTACJ2/

Armand Poursin

Hier et Aujourd'hui – Nouvelles
https://www.amazon.fr/dp/B06WGSKPTB/

Danny Kada

Prophetic : 2018, l'année de feu
https://www.amazon.fr/dp/1517351588/

La Dieu
https://www.amazon.fr/dp/2955751103/

Miroir Brisé
https://www.amazon.fr/dp/B01I05PUBU/

David Cassidy

Pour une autre vie : Londres 1880
https://www.amazon.fr/dp/B01IL4NWHE/

Guy Poursin

Le Maître de l'eau
https://www.amazon.fr/dp/B01GQFFNVS/

Marielle Saint-Prix

Delta, la planète des guerrières – Tome 1
https://www.amazon.fr/dp/B07F39SQZL/

Marjorie Moulineuf

Voilà ce qui va se passer
https://www.amazon.fr/dp/1519627793/

Sandro Pappacoda

Entom Boötis – Les Sœurs du Miel
https://www.amazon.fr/dp/B077R4JPLM/

Le Journal illégal de Bakir Meyo
https://www.amazon.fr/dp/B07F7F97WG/

Seb Staine

Amours d'été
https://www.wattpad.com/story/75511108-amours-d%27%C3%A9t%C3%A9

À PROPOS DE LA MÉTHODE GODEFROY

L'histoire du lien entre Cyril (le Club Positif) et moi…

Après un an et quelques à passer tous mes soirs à faire des conférences pour mes étudiants, j'ai craqué et j'ai laissé tomber. Durant quatre ans, j'ai sombré et décidé de ne plus jamais lancer d'entreprise. J'étais dans une sorte de décompensation.

Et puis je me suis dit que la seule possibilité de m'en sortir était de me lancer dans un projet fou : écrire une saga au genre unique de 3 500 pages en cinq volumes (*L'Entité, Nefilims - Les Chroniques Contemporaines* - Volume 1). J'ai retrouvé la vie, puis j'ai passé neuf mois en colocation pour réapprendre la vie sociale. Après avoir passé un an au fond des bois à voir des cerfs et des renards, il me fallait renouer avec la Vie.

Et puis, une fois que j'ai été réinstallé dans un appartement, après avoir récupéré ma vie, Cyril m'a téléphoné en septembre 2018 pour me proposer de racheter la formation (plus de 270 vidéos) et de l'éditer à nouveau. Il n'était pas le premier à me faire une offre. Mais Cyril, je le connais depuis cinq ans et je sais que c'est un pro dans ce qu'il fait. Alors j'ai dit « oui » et la première chose qu'il m'a demandée, c'est d'écrire un livre sur la méthode, ce que j'avais toujours refusé de faire. Mais un contrat est un contrat et donc vous tenez entre les mains le fruit de ce « nouveau départ ». J'espère que vous y avez trouvé la méthode pour écrire votre roman et que je vous ai motivé pour y arriver.

Le lien pour s'inscrire à la Méthode Godefroy au Club Positif

Si vous voulez aller plus loin, approfondir la méthode jusqu'à sa moelle épinière, alors vous pouvez vous préinscrire pour la prochaine promotion de la méthode (une fois par an ou tous les deux ans, minimum). L'unique chose que je veux, c'est réunir des écrivains réellement motivés pour que la presque totalité des étudiants de la méthode arrive à écrire et à publier ses romans. Comme je suis chaque étudiant personnellement, en téléphonant à chacun le plus souvent possible, cette méthode n'a rien d'industriel et je fais tout pour qu'elle reste artisanale.

Au-delà de trente ou quarante étudiants, je ferme la promotion pour pouvoir m'occuper de chacun d'entre vous, à toutes les étapes, pendant mais aussi après la fin de la méthode. C'est l'inverse de ce que font les autres formateurs en écriture, qui ne veulent que gagner des millions. J'ai eu des sociétés, j'ai eu de l'argent, j'ai connu la rue, maintenant je n'en ai plus rien à faire. Il n'y a plus que deux choses qui comptent : écrire mes romans et enseigner aux plus motivés, « d'homme à homme ».

http://ecrireunroman.fr/formation-la-methode-godefroy/

ET APRÈS…

Après ? Tout va se résumer en une phrase, et c'est celle qui fait toute la différence entre ceux qui échouent et ceux qui réussissent. Ça se résume à :

PASSEZ À L'ACTION !

Bonne chance à vous.

L'avenir vous appartient.

Le succès est à votre portée, à un jet de courage.

Avec toutes mes amitiés,

Fred Godefroy

« Le lecteur peut être considéré comme le personnage principal du roman, à égalité avec l'auteur, sans lui, rien ne se fait. »

Elsa Triolet

« L'écriture est une délivrance qui, phrase après phrase, mot après mot, devient un esclavage. »

Alain Bosquet

Chez le même éditeur

COMMENT GAGNER VOTRE VIE EN ECRIVANT *Joanna Penn*
https://autoediteur.com/livres-autoedition/comment-gagner-votre-vie-en-ecrivant/

COMMENT VENDRE UN LIVRE *Joanna Penn*
https://autoediteur.com/livres-autoedition/comment-vendre-un-livre/

LE DROIT D'AUTEUR POUR LES ECRIVAINS *Margerie Véron*
https://autoediteur.com/livres-autoedition/le-droit-dauteur-pour-les-ecrivains/

82 QUESTIONS SUR L'AUTOEDITION *Cyril Godefroy*
https://autoediteur.com/livres-autoedition/82-questions-sur-lautoedition/

GUIDE PRATIQUE DE L'AUTOEDITION *Cyril Godefroy*
https://autoediteur.com/livres-autoedition/le-guide-pratique-de-lautoedition/

50 STRATEGIES ET TACTIQUES POUR MIEUX VENDRE VOS EBOOKS *Cyril Godefroy*
https://autoediteur.com/livres-autoedition/50-strategies-tactiques-mieux-vendre-vos-ebooks/

LES 36 SITUATIONS DRAMATIQUES *Georges Polti*
https://autoediteur.com/livres-autoedition/les-36-situations-dramatiques-de-Georges-Polti/

Retrouvez d'autres conseils sur l'écriture de roman sur
http://ecrireunroman.fr

Retrouvez d'autres conseils sur l'autoédition sur
http://autoediteur.com

Printed in Great Britain
by Amazon

33126589R00113